Coleção Segredos da Mente Milionária

O PODER ESTÁ DENTRO DE VOCÊ

HENRY THOMAS HAMBLIN

Coleção Segredos da Mente Milionária

O PODER ESTÁ DENTRO DE VOCÊ

Tradução
Fernanda Zacchi

Esta é uma publicação Principis, selo exclusivo da Ciranda Cultural
© 2022 Ciranda Cultural Editora e Distribuidora Ltda.

Traduzido do original em inglês
Within you is the power

Produção editorial
Ciranda Cultural

Texto
Henry Thomas Hamblin

Revisão
Tuca Dantas

Editora
Michele de Souza Barbosa

Diagramação
Linea Editora

Tradução
Fernanda Zacchi

Design de capa
Ana Dobón

Preparação
Walter Sagardoy

Dados Internacionais de Catalogação na Publicação (CIP) de acordo com ISBD

H199p	Hamblin, Henry Thomas. O poder está dentro de você / Henry Thomas Hamblin; traduzido por Fernanda Zacchi. - Jandira, SP : Principis, 2022. 96 p. ; 15,50cm x 22,60cm. (Segredos da mente milionária). Título original: Within you is the power ISBN: 978-65-5552-608-0 1. Autoajuda. 2. Autoconhecimento. 3. Controle. 4. Racionalidade. 5. Sentimentos. I. Zacchi, Fernanda. II. Título. III. Série.
2021-0316	CDD 158.1 CDU 159.947

Elaborado por Lucio Feitosa - CRB-8/8803

Índice para catálogo sistemático:
1. Autoajuda : 158.1
2. Autoajuda : 159.947

1ª edição em 2022
www.cirandacultural.com.br
Todos os direitos reservados.
Nenhuma parte desta publicação pode ser reproduzida, arquivada em sistema de busca ou transmitida por qualquer meio, seja ele eletrônico, fotocópia, gravação ou outros, sem prévia autorização do detentor dos direitos, e não pode circular encadernada ou encapada de maneira distinta daquela em que foi publicada, ou sem que as mesmas condições sejam impostas aos compradores subsequentes.

Esta obra reproduz costumes e comportamentos da época em que foi escrita.

Sumário

Prefácio 7

Vida e poder eternos 9
A superação das dificuldades da vida 15
Destino ou livre-arbítrio? 21
Causa e efeito 29
Sucesso 35
Saúde 43
O segredo da abundância de provisões 53
Os poderes e limitações da mente subconsciente 63
O uso da mente espiritual ou superconsciente 69
Edificação do caráter e superação do hábito 73
Felicidade e alegria 81
Uso e mau uso de poderes mentais e espirituais 85
Como superar limitações e despertar poderes internos 89

Prefácio

Existe no homem um poder oculto que, ao ser usado, pode fazê-lo alcançar coisas superiores e melhores.

Existe no homem um Eu maior que transcende o eu finito do homem racional, assim como a montanha se ergue acima da planície.

O objetivo deste livro é ajudar homens e mulheres a manifestarem suas faculdades mentais e espirituais de forma sensata, em harmonia com a lei universal; a edificar o caráter; e a encontrar dentro de si aquele Eu maravilhoso, seu eu real que, quando encontrado, lhes revelará que são reais e verdadeiros filhos de Deus e filhas do Altíssimo.

Não há como evitar a disciplina da vida. Não existe uma forma de "enganar" o destino, nem um dispositivo engenhoso para se esquivar do grande plano cósmico. Cada vida deve enfrentar suas próprias tribulações e dificuldades, cada alma deve atravessar suas águas profundas, cada coração deve enfrentar sua tristeza e dor. Mas ninguém precisa ser derrotado nos grandes conflitos da vida, pois aquele que aprendeu o grande segredo de sua identificação com a vida e o Poder Universal reside em uma cidade inexpugnável, construída sobre a Rocha da Verdade, contra a qual as tempestades da vida batem em vão.

Embora este trabalho não ofereça qualquer promessa vã de uma vida fácil, posto que, caso fosse possível, seria o maior de todos os desastres, procura mostrar como se tornar tão forte que a vida pareça quase fácil, por comparação (a vida ou destino não muda ou fica mais fácil, mas o indivíduo se transforma e fica mais forte). Ele mostra ao leitor como evitar tornar a vida mais difícil do que o necessário. A vida da maioria das pessoas seria menos coberta de tribulações e sofrimento se adotassem a atitude correta e agissem em harmonia com a Lei Universal.

Espera-se que este livro possa ajudar muitas pessoas a entrarem em harmonia com a lei e o propósito da vida evitando assim tanto sofrimento desnecessário; a encontrarem o Eu Superior interior, cuja descoberta traz consigo a compreensão da segurança absoluta; a conseguirem expressar e usar com sensatez suas forças espirituais e mentais internas e, assim, conquistarem uma vida de superação e poder quase ilimitado.

Vida e poder eternos

O homem possui, mal sabe ele, um Poder ilimitado[1]. Esse Poder vem do Espírito, portanto, é inconquistável. Não é o poder da vida cotidiana, da vontade finita, ou da mente humana. Ele transcende tudo isso pois, por ser espiritual, é de uma ordem superior à do poder físico ou mental. Esse Poder permanece adormecido e latente dentro do homem até que ele esteja suficientemente evoluído e aberto para que seu uso lhe seja confiado.

> "Esse Poder vem do Espírito, portanto, é inconquistável."

O pensamento é um poder espiritual de tremenda potência, mas não é desse poder que estamos falando. Por meio do pensamento, o homem pode transcender a si mesmo e se conectar com a "Casa de Máquinas" do Universo, ou se desconectar por completo do Influxo Divino. O pensamento

---

[1] Trataremos dos poderes da mente subconsciente em outros capítulos. Os Poderes do Espírito são muito superiores e mais sofisticados do que os da mente subconsciente. (N.A.)

é sua maior arma, pois, por meio dele, pode recorrer ao Eterno ou romper (em consciência, mas não na realidade) com sua Fonte Divina.

Por intermédio da Centelha Divina interior, que na verdade é seu Eu real, o homem se conecta com o Eterno. Ele detém a Vida Divina e o Poder, se *compreender* que os detém. Enquanto ignorar sua unidade com a Fonte Divina de toda a vida, será incapaz de se apropriar do poder que é de fato seu. Se, no entanto, acessar esse conhecimento interior, ele se descobrirá detentor de poder infinito e recursos ilimitados.

> "Apenas quando o homem compreender a unidade com sua Fonte Divina é que será dotado do Seu poder."

Esse poder, então, é de Deus e também é do homem, mas só lhe será revelado quando estiver apto a recebê-lo. Apenas quando o homem compreender a unidade com sua Fonte Divina é que será dotado do Seu poder. Nos dias de hoje, muitos mestres e neófitos lamentam a divulgação em massa de certos segredos; segredos esses que, no passado, eram guardados a sete chaves. Eles temem que pessoas não iluminadas e não evoluídas possam fazer uso destrutivo do poder espiritual. Isso, para o escritor, parece improvável. É verdade que personalidades fortes, com forte crença em seu próprio poder de realização e sucesso, recorrem de forma inconsciente a poderes ocultos e, portanto, são capazes de se sobrelevar aos seus semelhantes. Entretanto, o uso que podem fazer do poder espiritual para propósitos vis é limitado e não deve ser temido. Há outros, é claro, que fazem mau uso de seus poderes. Eles praticam a magia negra e, embora possam causar certo mal, acabam reduzidos, em última instância, à mendicância e à impotência. Há também os que gastam todo o tempo livre em busca de conhecimentos sobre esse mesmo assunto. Leem todos os livros de ocultismo que conseguem encontrar, mas nunca obtêm o que procuram. Existem poderes e influências espirituais que impedem seus olhos de enxergar, até que estejam prontos para a revelação. Quando o homem, na busca pela Verdade, tiver desistido de toda luta egoísta por coisas indignas e deixado de usar sua vontade própria em desacordo com a Vontade maior do Todo, então estará pronto para a revelação de sua unidade com o Eterno. Ceder por completo à Vontade do Todo pode parecer um ato de fraqueza para os não iluminados, mas é o portal para uma vida de poder quase ilimitado.

O homem não está e nunca esteve apartado de sua Fonte Divina. Ele é, na realidade, inseparável do Eterno. A separação que ele sente e vivencia é mental e se deve à cegueira e à descrença. O homem nunca pode ser dissociado do Espírito, pois ele próprio é Espírito. Ele é parte integrante de um todo absoluto, que vive, transita e tem seu ser em Deus (Espírito Onipresente, Universal), e Deus (Espírito) habita nele. A maioria das pessoas não tem consciência dessa relação íntima com o Divino e, por não terem consciência, ou por se recusarem a acreditar, estão de certa forma desconectadas da vida íntima de Deus. Mas essa separação está apenas em seus pensamentos e crenças, e não na realidade. O homem não está apartado e nunca poderá estar, mas enquanto acreditar que está apartado e sozinho, será fraco e indefeso como se de fato estivesse. Assim que o homem compreende a verdade de sua relação com o Eterno, ele passa da fraqueza à força, da morte à vida. Em certo momento ele está no deserto, afastado, fraco, isolado e sozinho; no seguinte, percebe ser nada menos que um filho de Deus, com todos os privilégios e poderes de um filho. Ele percebe, num instante, que está unificado com sua Fonte Divina, e que nunca pode ser dissociado dela. Ele desperta também

> "O homem não está apartado e nunca poderá estar, mas enquanto acreditar que está apartado e sozinho, será fraco e indefeso como se de fato estivesse."

para o fato de que tem todo o Poder do Eterno para usar; que na verdade nunca poderá fracassar, que está avançando para a vitória.

Assim, se verá como é grande o poder do pensamento do homem. Embora o pensamento não seja o poder do Espírito, é por esse poder que o homem se conecta com o Poder Eterno, abrindo-se para o Influxo Divino, ou se desconecta e se separa de sua Fonte Espiritual. Assim, de certa forma, o homem é o que ele pensa ser. Se pensa estar apartado de Deus e desconectado de Seu Poder, então é como se de fato estivesse, e ele fica impotente e infeliz como se realmente existisse separado de Deus. Por outro lado, se pensa e acredita ser inseparável do Eterno, descobre que isso é verdadeiro de uma forma gloriosa, e que é mesmo um filho de Deus. Se acredita e pensa ser um mero ser material, então vive a vida limitada de um ser material e nunca consegue transcendê-la. Mas se, ao contrário, pensa e acredita que é um ser espiritual, então descobre que detém todos os poderes de um ser espiritual.

Mais uma vez, se ele pensa que seu trabalho é difícil e que não está à altura de seus afazeres, descobre que as tarefas são mesmo difíceis e estão além de suas forças. Mas, por outro lado, se acredita que seu trabalho é fácil, ou que pelo menos está dentro de suas possibilidades, descobre que é esse o caso, e que pode fazer seu trabalho com facilidade.

O poder interior é infinito, pois, pela fé nele, o homem está diretamente "acoplado" ao Poder Espiritual do Universo. A Centelha Divina dentro dele o conecta à Chama Sagrada, transformando-o em um possível deus em formação.

Uma mudança, então, deve ocorrer dentro do homem antes que ele possa acessar sua herança Divina. Ele deve aprender a pensar segundo o Espírito, ou seja, como um ser espiritual, em vez de segundo a carne, ou seja, como uma criatura material. Como o filho pródigo, ele deve "voltar a si" e deixar as palhas e os porcos na terra distante, voltando para a casa de seu Pai, onde há pão (da vida) em abundância.

"Quando o homem, na busca pela Verdade, tiver desistido de toda luta egoísta por coisas indignas e deixado de usar sua vontade própria em desacordo com a Vontade maior do Todo, então estará pronto para a revelação de sua unidade com o Eterno."

A superação das dificuldades da vida

O verdadeiro objetivo da vida é que o homem possa adquirir sabedoria por meio da experiência. Isso não pode ser alcançado cedendo-se às dificuldades da vida, mas somente superando-as. As promessas de Deus não são feitas para aqueles que fracassam na batalha da vida, mas para aqueles que as *superam*. Tampouco há qualquer promessa de que o homem terá uma vida fácil e será feliz para sempre. No entanto, é isso que a maioria das pessoas está o tempo todo buscando: uma vida fácil, divertimento, libertação de sofrimentos e preocupações. Mas, apesar de toda busca, elas nunca conseguem encontrar o que desejam. Há sempre uma mosca em sua sopa, algo que lhes rouba a verdadeira felicidade, ou talvez um conjunto de circunstâncias que conspira para estragar todos os seus planos.

A vida é um paradoxo: o verdadeiro objetivo da vida não é alcançar a felicidade, mas, se conquistamos o verdadeiro objetivo da vida, encontramos a felicidade. Quem ignora o verdadeiro propósito da vida e busca a felicidade por toda parte, ano após ano, não consegue encontrá-la. Como um fogo-fátuo, ela sempre lhes escapa. Por outro lado, quem reconhece o verdadeiro objetivo da vida, e vai atrás dele, alcança a felicidade sem buscá-la.

No passado, as pessoas transformaram Deus em uma comodidade. Pensaram que poderiam vagar pela vida, sem nada aprender de sua disciplina, e depois, quando estivessem em apuros, ou quando as coisas não fossem do seu agrado, poderiam orar a Deus e ter as circunstâncias desagradáveis eliminadas. A mesma ideia prevalece nos dias de hoje. As pessoas abandonaram a velha ortodoxia e recorrem a vários "cultos" e "ismos" para tirá-las de suas dificuldades. Elas agora não acreditam que podem obter um favor especial de Deus pela oração, mas acreditam piamente que podem obter o que desejam do Invisível por imposição. Elas acham que, dessa forma, podem seguir o seu próprio caminho, afinal. Para elas, isso significa desfrutar, sem ter experiências desagradáveis, provações, dificuldades, adversidades. Estão, no entanto, apenas perseguindo sonhos impossíveis. A vida fácil que procuram sempre lhes escapa, simplesmente porque não existe. A única vida que é fácil é a vida da alma forte que venceu. A vida dessa alma na verdade não é fácil, mas parece fácil, em comparação, por causa de sua força.

É impossível ter uma vida fácil e, se fosse possível, ela não valeria a pena ser vivida, pois o único objetivo da vida é edificar o caráter e adquirir sabedoria por meio da experiência. A vida, para todos nós, deve ser repleta de dificuldades, sempre. E é para ajudar quem até o momento achava a vida difícil demais que este livro está sendo escrito. O que a

> "Há sempre uma mosca em sua sopa, algo que lhes rouba a verdadeira felicidade."

maioria busca é uma vida fácil (que jamais encontrará, mas justamente o contrário), e para esses eu não tenho o que dizer. Mas para as almas sábias e despertas que buscam a Verdade, não importa de onde venha, e que desejam enfrentar a vida e transpor suas dificuldades, em vez de ceder a elas com apatia, espera-se que este livro traga um ensinamento.

Neste estágio, não podemos entrar no assunto de por que devemos enfrentar desastres e adversidades nesta vida, nem por que algumas pessoas devem ter, na aparência, uma vida mais tranquila do que as outras.

> "A única vida que é fácil é a vida da alma forte que venceu."

Devemos, portanto, ficar satisfeitos em saber que temos de enfrentar os problemas e superar as dificuldades, e que somente dessa forma podemos adquirir sabedoria e edificar o caráter. A questão, então, não é *se* enfrentaremos tribulações e adversidades ou não, mas sim *como* as enfrentaremos. Seremos vitoriosos ou afundaremos? Superaremos as dificuldades da vida ou sucumbiremos a elas?

A maioria das pessoas anda à deriva pelo mar da vida. São levadas e trazidas pelo vento e também carregadas para cá e para lá por qualquer corrente. São poucas as que percebem que têm o Poder do Eterno dentro de si, por meio do qual podem transcender todas as suas dificuldades, superar suas próprias fraquezas e, com a experiência vitoriosa, adquirir sabedoria.

Nesse ponto, algum leitor pragmático pode dizer que adquirir sabedoria é ótimo, mas o que ele quer mesmo é uma ajuda prática. Talvez esteja desempregado, tenha alguém doente em casa e esteja endividado. Ou pode estar bem de vida, mas ainda assim na mais profunda angústia e infelicidade. A todos esses, eu diria que têm o Poder por meio do qual podem superar todas as suas dificuldades e, com a superação, adquirir

> A felicidade e o verdadeiro sucesso dependem de como os problemas e obstáculos da vida são enfrentados.

sabedoria. O sucesso de um homem depende, mais do que tudo, de sua fé: sua fé no bom propósito da vida, sua fé no Poder do Eterno dentro dele e sua capacidade de superar todos os obstáculos em seu caminho.

A magnitude do Poder que o homem pode inserir em sua vida tem o tamanho de sua fé nesse Poder. Se a sua fé n'Ele for pequena, então sua vida será medíocre e sem realizações. Se a sua fé em seu Poder interior for grande, então imenso será o poder que se manifesta em sua vida. O Poder do Eterno é ilimitado e inesgotável. Tudo o que precisa é de uma crença e confiança inabaláveis nele. Os mais fracos e tímidos podem fazer uso deste Poder; há o mesmo poder no tímido e fraco que no bravo e forte. A fraqueza dos primeiros deve-se à falta de fé e crença em seu Poder Eterno interior.

Haverá dificuldades e problemas na vida de qualquer um, e às vezes desgraça e sofrimento quando o chão abrir sob seus pés, mas, invocando o Poder interior, é possível deixar os escombros das esperanças acalentadas mais fortalecidos e "melhores" com a experiência. A felicidade e o verdadeiro sucesso dependem de como os problemas e os obstáculos da vida são enfrentados. A adversidade vem para todos, mas se for enfrentada da maneira correta, até mesmo o fracasso pode ser transformado em degrau para o sucesso. As tribulações vêm para todos. Porém, embora tornem algumas pessoas mais fortes e melhores em todos os sentidos, afundam outras de tal forma que nunca mais se levantam. As tribulações são as mesmas, a maneira como elas são enfrentadas é o que faz a diferença. Quem enfrenta as dificuldades e adversidades com a frágil capacidade de sua mente finita e falsa personalidade é rapidamente derrotado e destruído pelas tempestades da vida. Mas quem confia e tem fé em seu Poder interior nunca pode ser oprimido nem derrotado. O Poder, sendo infinito, é sempre suficiente, por maior que seja a necessidade.

Quem percebe sua verdadeira identidade espiritual sabe que nunca pode morrer, que nunca pode ser derrotado, que nunca pode de fato fracassar. Pode perder seu corpo na mudança chamada morte; mas ele, o verdadeiro homem, nunca pode morrer. Também não pode fracassar, embora seja derrotado mil vezes. Ele *deve* levantar-se outra vez.

Basta ter fé no seu Poder Espiritual, dentro de você, para conhecer todas as alegrias da superação e da realização. Todas as coisas se tornarão suas. Busque primeiro o Reino dentro de você (sua união espiritual com o Eterno e a harmonia com a Vontade e Propósito Divinos), e todas essas coisas lhe serão concedidas. Você não precisará temer o amanhã, pois saberá que todas as providências já foram tomadas. Não haverá necessidade de acumular riquezas, pois o suprimento diário necessário sempre estará disponível. Não haverá necessidade de morar perto de um médico, pois Deus, a Vida Eterna, será a sua saúde. Não haverá necessidade de arrependimento ou lamentação, pois você saberá que tudo está bem. Não haverá medo de acontecimentos futuros, pois você perceberá que o Eterno não comete erros.

"Basta ter fé no seu Poder Espiritual, dentro de você, para conhecer todas as alegrias da superação e da realização."

Destino ou livre-arbítrio?

No passado, intensa foi a polêmica acerca do comentado assunto destino *versus* livre-arbítrio. Por um lado, os fatalistas afirmam que o homem está preso de forma tão visceral à roda do destino que lhe é impossível viver a vida de forma diferente daquela que foi traçada para ele. Eles conseguem apresentar numerosas provas para embasar seu argumento e acreditam em sua teoria de todo o coração. Por outro lado, os defensores do livre-arbítrio acreditam piamente que o homem não está preso de forma alguma, sendo livre como o ar. Também eles podem trazer muitas provas para embasar sua teoria, o que ratifica sua crença. Cada um deles pensa que o outro está errado, mas os dois não podem estar errados! Vamos, portanto, examinar o assunto por nós mesmos, pois é um tema importante, conectado de forma profunda com o tema discutido neste livro.

Em primeiro lugar, há que se dizer, ambos estão errados em parte, e certos em parte. O homem está preso à roda do destino, mas, ao mesmo tempo, tem livre-arbítrio. Vamos, portanto, explicar esse aparente paradoxo.

É uma antiga verdade da doutrina espiritual que o homem, quando não é evoluído e antes de ter a "revelação", está preso de forma muito visceral à roda do destino. O homem não evoluído segue seus desejos, criando para si, dessa maneira, um futuro do qual não pode escapar. Quando, no entanto, se torna mais evoluído e emancipado, começa a resistir a obedecer aos seus desejos e se esforça, em vez disso, para perseguir coisas superiores. Isso cria para ele um futuro melhor, e assim ele se torna livre em comparação com sua condição anterior de escravo. O homem é escravo do destino enquanto for escravo dos desejos do plano terreno. Ele é, entretanto, livre para transpor as coisas inferiores e, assim, elevar-se para as superiores. Quando faz isso, deixa de criar um futuro doloroso para si mesmo e, assim, torna-se livre.

Existe, portanto, um destino que é autogerado. É necessário reconhecer isso antes de prosseguirmos. Quem não tiver muita experiência de vida ou não for um observador atento pode negar que exista tal coisa, mas quem passou por grandes mudanças na vida, contra as quais lutou e se debateu em vão, sabe que há um propósito operando por trás dos fatos da vida, contra o qual até mesmo reis e homens poderosos são impotentes. Há momentos na vida do homem em que ele move céu e terra, falando de maneira figurativa. Ele ora até não mais poder; sacrifica, talvez, seu dinheiro, sua saúde, suas expectativas; e faz tudo o que está

> "O homem é escravo do destino enquanto for escravo dos desejos do plano terreno."

"Embora essas coisas que constituem o que chamamos de destino sejam inevitáveis e, portanto, não possam ser contornadas, cabe a nós mesmos decidir a forma de enfrentar essas adversidades e desgraças."

ao alcance do ser humano em uma tentativa vã de evitar uma tragédia anunciada. Mas, apesar de todos os esforços, apesar de seus gritos a um céu impiedoso, a marcha implacável do destino não pode ser interrompida. Ele avança como um grande rolo compressor e destrói suas esperanças, seu ídolo mais querido, sua própria vida, ou tudo o que faz sua vida valer a pena, e deixa-o desolado.

"Mas então", você pode perguntar, "se o destino é tão impiedoso e tão poderoso, o que pode ser feito com ele, e onde entra o livre-arbítrio aqui?" Em resposta, deve-se admitir de imediato que não adianta lutar contra o destino. Quanto mais o homem luta, mais profundamente ele se destrói. Existem certos eventos fundamentais, em qualquer existência, que devem acontecer. Esses eventos e mudanças são inevitáveis, e é impossível lutar contra eles. Embora essas coisas que constituem o que chamamos de destino sejam inevitáveis e, portanto, não possam ser contornadas, cabe a nós mesmos decidir a forma de enfrentar essas adversidades e desgraças. Se as enfrentamos da maneira errada, elas nos destroem. Mas se as enfrentamos da maneira certa, nós nos fortalecemos por meio da disciplina e da experiência, ficando mais preparados para arcar com as responsabilidades da vida e superar suas dificuldades e tentações. Quem enfrenta os reveses, tristezas, lutos e desastres da vida com a atitude correta torna-se forte e próspero. Ele amadurece com a experiência e se torna forte, estável, uma influência benéfica para todos os que o encontram.

> "Quem pensa não ter nenhum poder dentro de si, mas que todo o poder está nas circunstâncias, pode nunca sair vitorioso de suas tribulações e triunfar perante as dificuldades da vida."

O PODER ESTÁ DENTRO DE VOCÊ

Quando as coisas vão bem e a vida é bem-aventurada, nenhuma filosofia ou religião parece necessária, e "quanto a um poder interior, para quê? Podemos viver muito bem sem ele". Assim dizem os insensatos e inexperientes, mas em qualquer existência há momentos em que é necessária não apenas uma filosofia, e uma que seja bastante sólida, mas também um poder, do qual o eu finito nada sabe, para fazer a alma erguer-se do pó e das cinzas de seu desespero. Uma coisa é tentar enfrentar as tribulações e adversidades com a atitude correta, outra coisa é ter o poder de fazê-lo. Quem pensa não ter nenhum poder dentro de si, mas que todo o poder está nas circunstâncias, pode nunca sair vitorioso de suas tribulações e triunfar perante as dificuldades da vida. No entanto, quem percebe ter um poder maravilhoso que pode levantá-lo, não importa o quão destruído esteja, nunca pode ser um fracasso na vida. Não importa o que lhe aconteça, ele atuará como homem e desempenhará um papel nobre. Ele se levantará das ruínas de sua vida e a reconstruirá com maior beleza e esplendor.

Neste momento, é necessário ressaltar que existe uma diferença entre "o grande destino" e as circunstâncias da vida. "O grande destino", como às vezes é chamado, antecede a vida presente e sua causa não está no escopo deste livro[2]. É suficiente dizermos aqui que, através dos tempos, colhemos o que semeamos, portanto, nosso futuro depende de como enfrentamos a vida e suas dificuldades *agora*. O grande destino, então, não pode ser combatido com sucesso, simplesmente

---

[2] Além do "destino" ou "futuro" que todo pensamento e ação constrói, existe, por trás de toda evolução, um plano gigantesco. Esse plano maravilhoso que abrange tudo, desde a concepção estupenda de um universo ilimitado até o menor elétron, está sendo elaborado através dos tempos com precisão absoluta. Nada pode impedir que esse plano seja materializado. Ele reúne nosso passado e o entrelaça em nossa vida presente, da mesma forma que está o tempo todo recolhendo nossa vida presente e entrelaçando-a em um destino futuro. Tudo funciona no grande plano, de certa forma, e com habilidade infinita. O plano está fadado a ser seguido (isso também é destino), mas a forma COMO o seguimos, seja com boa vontade e felicidade, seja com oposição ou desgraça, depende de nós (isso é livre-arbítrio). (N.A.)

porque é o trabalho da Lei Onipotente. Mas nossa vida em geral e suas circunstâncias dependem de como enfrentamos o "grande destino" e como nos recuperamos dele. Não importa como o "destino" pareça ser cruel, é possível transformarmos nossa vida em uma coisa maravilhosa. Inspirados e energizados pelo Poder interior, podemos ressuscitar das cinzas de nossas esperanças mortas para reconstruir nossa vida com maior beleza e mais harmonia com o Ideal Divino.

Aqueles que estudaram as ciências ocultas podem dizer: "Mas e as influências planetárias?". Eles ressaltarão que, de acordo com a antiga ciência da astrologia, a vida de um homem é determinada pelo "astro" sob o qual ele nasceu. Isso é verdade, se ele ceder às influências do entorno em seu caminho. Em diferentes momentos de sua vida, o homem encontra influências que às vezes são "favoráveis", e, outras vezes, adversas. Essas influências são, no entanto, meras influências afinal, e aquele que permanecer firme durante os períodos de adversidade e se recusar a ceder, confiando no grande Poder interior para conduzi-lo, descobrirá que pode enfrentar todas as tempestades da vida e sair de suas provações muitíssimo fortalecido. Ele não pode evitar que essas influências apareçam em sua trajetória de vida, mas pode transcendê-las. Ele enfrentará fracassos e contratempos, mas os transformará em degraus para o sucesso. Vivenciará tristezas e privações, mas a partir delas formará um caráter mais distinto e ascenderá a coisas mais elevadas. Aquele, entretanto, que se entrega a essas coisas, recusando-se a se levantar e a reconstruir sua vida, condena-se a mais sofrimento, levando sua vida ao completo naufrágio.

Que o desesperado recobre o ânimo. Acredite no Poder dentro de você e subirá a alturas nunca antes sonhadas. Com a ajuda desse Poder, você pode realizar o que parece impossível.

Anexo

Nossa vida aqui não é governada por um Ser caprichoso que morde e depois assopra, ou que favorece uma pessoa e tortura a outra. O Ser Supremo age por meio de leis absolutamente justas e imutáveis. Por conseguinte, todas as desgraças e tribulações da vida são o efeito de determinadas causas. Essas causas são nossas próprias ações equivocadas do passado que mobilizaram forças contra as quais o poder, a inteligência e a sabedoria do homem são impotentes[3]. No entanto, como a lei fundamental do Universo é o amor, segue-se que o funcionamento da lei de causa e efeito não é vingativo. Seu objetivo é nosso bem maior, ou seja, colocar-nos em união com o Divino ou em sintonia com o Eterno. Portanto, ao ascendermos a um plano superior e entrarmos mais em harmonia e união com o Divino, roubamos até mesmo do grande destino algo de seu poder. Não podemos nos opor a ele, pois assim fazendo lutamos contra a Onipotência, mas podemos *preveni-lo* fazendo, de boa vontade, e por nossa própria iniciativa, precisamente o que a experiência vem nos ensinar.

> "Vivenciará tristezas e privações, mas a partir delas formará um caráter mais distinto e ascenderá a coisas mais elevadas."

---

[3] Outra causa é que a alma não aprendeu determinadas lições, portanto, nesta vida, muitas experiências dolorosas são produzidas a fim de ensinar a ela as lições necessárias. As lições, entretanto, são aprendidas somente se as experiências dolorosas ou desagradáveis são enfrentadas da maneira correta. Enquanto o homem acredita que é tratado de forma injusta pelo destino e que não "merece" o que a vida lhe impõe, ele intensifica seus problemas, tanto agora como no futuro, por não aprender as lições que a vida deseja ensinar. Quando, porém, o homem percebe e admite que a vida é justa, e que a causa de todos os seus problemas está dentro dele, ele, como o filho pródigo, volta a si e, logo depois, inicia sua jornada de volta para casa. Outra causa é que a alma tem caráter falho. Força e estabilidade de caráter podem ser adquiridas quando a alma enfrenta problemas e dificuldades. Mais uma vez, deve-se reforçar que eles devem ser enfrentados com a atitude correta. (N.A.)

Ver-se-á, então, que nosso futuro depende inteiramente da maneira como pensamos e agimos nesta vida. Nosso futuro está em nossas próprias mãos. Se infringimos a lei do amor nesta vida, criamos desgraça e sofrimento para o futuro, que um dia terão de ser enfrentados na forma de "grande destino" de um caráter penoso. Portanto, ao pensar e agir de forma correta agora, não apenas melhoramos as condições nesta vida, mas também criamos um futuro que será mais harmonioso e mais livre do que qualquer coisa que vivenciamos até agora.

É preciso destacar também que, mesmo nesta vida, algumas de suas grandes calamidades são fruto de pensamentos e atos cometidos durante a presente existência. Um jovem ou uma jovem pode cometer uma loucura que acarrete, após a vida, uma terrível retaliação. Ou pode fazer um mal terrível a outro homem e, anos depois, outra pessoa fazer o mesmo a ele. É sempre olho por olho e dente por dente neste plano de causa e efeito, mas Aquele que Mostrou o Caminho, por Seu ensinamento do poder do amor, permite-nos transcender essas coisas inferiores e viver uma vida de harmonia e paz.

> "Ao pensar e agir de forma correta agora, não apenas melhoramos as condições nesta vida, mas também criamos um futuro que será mais harmonioso."

Causa e efeito

O homem é a causa das calamidades em sua vida. Ele colhe através dos tempos exatamente o que semeia. A vida é perfeitamente justa e recompensa todos os homens de acordo com suas obras. O destino do presente é a colheita do que o homem semeou, talvez, em um passado distante. Portanto, os fracassos e sofrimentos desta vida não devem ser atribuídos à interferência de um Deus caprichoso e injusto, pois a verdade é que eles se devem ao funcionamento preciso de uma lei perfeitamente justa. O destino, uma vez criado, é irrevogável, não pode ser combatido nem evitado. Ao lutar contra o destino, o homem apenas se destroça, é o equivalente a bater a cabeça contra um penhasco de pedra: quanto mais forte ataca, maior o estrago em sua cabeça, mas o penhasco não é afetado. O destino, embora em grande parte autogerado, é de fato o propósito Divino da vida. Portanto, resistir a ele é lutar contra Deus. O destino, mais uma vez, não é punição, em qualquer sentido vingativo. É a reunião de certas experiências corretivas, por meio das quais a alma pode aprender as lições que deixou de aprender em tempos passados e, assim, adquirir sabedoria. O objetivo do destino é o bem maior do indivíduo, embora possa acarretar sofrimento e experiências dolorosas.

Como os desastres na vida do homem se devem a erros do passado, é natural dizer que seu futuro depende do tipo de vida que ele vive hoje. Se, no passado, ele criou para si uma sequência de eventos e experiências da qual é impossível escapar, é óbvio que suas vidas futuras dependem por completo de como ele vive esta do presente.

> O destino do presente é a colheita do que o homem semeou, talvez, em um passado distante.

Ver-se-á que se o homem pode aprender as lições da vida presente e viver de forma a deixar de criar problemas para o futuro, ele está começando a escalar o Caminho da Libertação, que é o caminho que todas as almas evoluídas devem seguir, ou melhor, têm o privilégio de seguir. Seguindo esse caminho, o homem deixa de estar preso à roda do destino.

Este trabalho não versa sobre reencarnação, mas sua doutrina é baseada na crença de que o homem, na realidade, é um ser espiritual, uma Centelha Divina do Fogo Sagrado. O espírito, sendo imortal, não tem começo ou fim, portanto, sempre vive. Esta vida presente é uma vida de inúmeras experiências, cada uma das quais ajuda a edificar o caráter. Não há morte, mas apenas mudanças de um veículo para outro. Não há começo, ou fim, ou tempo na realidade. Essas são meras limitações da mente humana. É impossível para o homem morrer: ele só pode deixar seu corpo. Ele não pode se matar, por mais que tente. Pode apenas se forçar a sair de seu corpo. O homem deve sempre seguir em frente, goste ou não: ele avança através dos tempos, *colhendo exatamente o que semear.*

Já vimos que o homem não pode evitar o destino ou lutar contra ele de forma eficiente, mas pode libertar-se da roda do destino vivendo em harmonia com a Lei Divina[4]. Neste ponto, é necessário ressaltar que a maioria dos problemas do homem não é causada pelo destino, mas por sua luta ou tentativa de resistir ao grande plano. Se o homem resiste às experiências da vida, ou tenta escapar de sua disciplina, as tribulações e dificuldades se repetirão, tornando-se mais dolorosas e insistentes até que a lição seja aprendida e a vida seja transformada de forma satisfatória. Portanto, o homem tem o poder de aprimorar em grande medida sua vida presente, bem como criar um futuro muito melhor, simplesmente vivendo em harmonia com a Lei Divina no presente. Além disso, é necessário destacar que todo pensamento e toda ação têm um efeito *imediato*, bem como um efeito de longo alcance. É verdade que não se colhe o produto completo da vida aqui até que se tenha decorrido nosso breve curso neste plano, mas, mesmo assim, grandes diferenças produzem-se na vida presente. A maneira como um jovem aproveita ou joga fora suas oportunidades pode favorecer ou destruir, em grande medida, sua

> O espírito, sendo imortal, não tem começo ou fim, portanto, sempre vive.

---

[4] Este é o segredo interno de toda doutrina esotérica. O novo nascimento, ou regeneração, significa o despertar da alma para a imortalidade consciente. Morre o antigo eu, que estava preso à roda do destino e ao plano de causa e efeito do qual nunca poderia se livrar porque estava sempre se prendendo à roda novamente por seguir desejos egoístas, e nasce um novo eu. Em outras palavras, a consciência é alçada do plano do pecado e da morte, da sensualidade e do desejo, da restrição e do cativeiro, ao plano superior do Espírito, onde o homem se dá conta de que é filho de Deus. Ele descobre que a Centelha Divina interior é seu verdadeiro eu. Percebe também que sempre viveu em seu verdadeiro Eu Espiritual. O começo e o fim, como a mudança e a decadência, pertencem puramente ao plano material e não têm lugar na Realidade. Eles fazem parte da presente existência tridimensional, mas não têm realidade. Ser eterno é a realidade. Qualquer coisa menos que isso é mera ilusão. Não é necessário, portanto, acreditar na teoria da reencarnação ou que todas as nossas experiências tenham a obrigação de ocorrer neste plano. Basta saber que não podemos morrer nunca, que não podemos escapar de nós mesmos e que deixar de buscar de todo o coração a união mais uma vez com nossa Fonte Divina é apenas prolongar nossos sofrimentos. (N.A.)

carreira adulta. As oportunidades, uma vez perdidas, nunca podem ser recuperadas. Os pecados cometidos e os males perpetrados contra nossos semelhantes têm o desagradável hábito de se repetirem de forma reversa mais adiante na vida. Por exemplo, um homem pode progredir na vida e, em sua escalada egoísta, espezinhar uma pessoa mais fraca do que ele, arruinando-a e levando-a ao desespero. Anos depois, é provável que ele seja tratado exatamente da mesma forma por alguém mais forte e em situação mais favorável. Portanto, há uma semeadura e uma colheita imediatas que dão frutos nesta vida. Entende-se, por "imediatas", dentro dos limites desta vida. A colheita pode demorar dez ou vinte anos, mas, pela experiência do escritor, é improvável que não chegue. "Tudo o que o homem semear, isso também ceifará." Aqueles, portanto, que pensam que a vida não é justa, que se lamentam e reclamam da maneira como são tratados, estão simplesmente agravando seus próprios problemas. Até perceber que a causa de todos os seus problemas está dentro dele mesmo, o homem nunca poderá fazer nada para remediar os acontecimentos, porque, é claro, a única ação necessária é que ele mude por dentro. O homem deve ser transformado por dentro para que sua vida possa ser modificada. Seus pensamentos, ideais e comportamento perante a vida devem ser transformados. Quando essa mudança acontece, ele não apenas começa a corrigir sua vida presente, mas cria uma vida mais justa e nobre para o futuro.

> As oportunidades, uma vez perdidas, nunca podem ser recuperadas.

O homem, então, tem de mudar. Seus desejos e aspirações, em vez de serem direcionados ao ódio e ao mal, devem ser transformados em amor e bem. Em vez de chafurdar na luxúria e no egoísmo, ele deve elevar-se a coisas superiores e melhores. Como? Isso não pode ser alcançado pelo homem finito de forma alguma, mas pode ser realizado pelo Poder Eterno interior. É somente quando o homem percebe sua unidade com o Eterno, e *acredita* que o Poder Onipotente está à sua disposição, que o Poder Espiritual interior torna-se disponível. Enquanto o homem tiver dúvidas e medos ou descrenças, esse poder especial não estará disponível. É seu, mas o estado de seu coração e de sua mente impedem-no de perceber a presença do Poder ou de fazer uso dele. Antes que o maquinário de uma oficina possa funcionar, ele deve ser ligado à casa de máquinas. Da mesma forma, o homem, antes que possa viver uma nova vida, deve se unificar com a Vida Eterna e o Poder.

Alcançar essa nova vida de poder não elimina as experiências da vida, suas provações, problemas e adversidades, mas a mudança interna impede a criação de tribulações e sofrimentos desnecessários. Além disso, mesmo um destino chamado cruel perde muito de seu poder de ferir, pois quanto mais alto o homem se eleva em união com Deus e o Amor Eterno, menos poder ele tem em sua vida. Esse poder ainda funciona, mas não consegue de maneira tão profunda, pois o homem, enxergando com olhos iluminados, sabe que é o bem que veio abençoar, e não o mal que veio para exterminar. O destino espinhoso perde seu poder de ferir quando o homem para de resistir e o enfrenta de braços abertos, buscando aprender as lições que ele tem a ensinar.

> Seus desejos e aspirações, em vez de serem direcionados ao ódio e ao mal, devem ser transformados em amor e bem.

"Esse poder ainda funciona, mas não consegue de maneira tão profunda, pois o homem, enxergando com olhos iluminados, sabe que é o bem que veio abençoar, e não o mal que veio para exterminar."

Sucesso

O que se entende aqui por sucesso é a conquista de algo proveitoso, que tornará o mundo melhor e mais rico e contribuirá com o bem comum. Nossa alçada na vida pode ser muito modesta, mas se superarmos nossas próprias fraquezas, ajudarmos os outros ao longo do caminho e fizermos nosso trabalho diário melhor do que precisamos, nossa existência só poderá ser bem-sucedida. Se, ao final de nossa vida, pudermos ser gratos por ela, sabendo que fizemos dela o melhor uso possível, teremos alcançado o verdadeiro sucesso.

O sucesso, para os não iluminados, pode significar o acúmulo de riquezas e a conquista da fama. No entanto, aqueles que dedicam sua existência a adquirir essas coisas são os maiores fracassos da vida. Ganham riquezas, é verdade, mas descobrem que seu dinheiro só pode comprar aquilo que não traz satisfação, não pode lhes comprar nada que de fato valha a pena possuir. O sucesso desse tipo vazio pode ser obtido, mas a um preço muito alto. O maior Mestre de todos uma vez disse: "Pois, que adianta ao homem ganhar o mundo inteiro e perder a sua alma?". Que *vantagem* tem um homem se ele "prospera" à custa da felicidade, saúde, alegria de viver, vida doméstica e capacidade de apreciar as belezas e os prazeres simples da Natureza?

Ainda assim, o homem deve dar o seu melhor. Deve sempre buscar coisas melhores e se expressar com mais perfeição. Aquele que anda à deriva pela vida, sem fazer nenhum esforço para alcançar coisas melhores, não é digno de ser chamado de cidadão. O homem, para ser digno do nome, deve sempre dar o seu melhor, exceder, subir. O fracasso na vida é sempre devido à fraqueza de caráter. Somente os fortes de caráter conseguem resistir aos golpes da vida e superar suas dificuldades. O homem que deseja tornar sua vida digna de respeito, que se propõe a alcançar níveis elevados de realizações e servir, enfrentará dificuldades a cada esquina. E é assim que deve ser, pois isso elimina os aspirantes fracos e indignos e entrega os espólios aos que exibem fé, coragem, firmeza, paciência, perseverança, persistência, entusiasmo e força de caráter em geral. O sucesso, especialmente o sucesso material, não é, por si só, muito benéfico para quem o conquista. Não satisfaz por muito tempo, mas é valioso de outras maneiras. Por exemplo, o sucesso baseado no servir é positivo para a comunidade. Se não fosse por pessoas bem-sucedidas desse tipo, o homem comum teria problemas. Além disso, conquistar o sucesso edifica o caráter. Aquele que deseja ter êxito na batalha da vida deve estar preparado para ser testado e provado de todas as maneiras possíveis. Quem sobrevive a tudo isso tem o caráter fortalecido em quase todos os sentidos. Mesmo em seu sucesso, entretanto, ele será tentado e provado. Quem está envolvido na dura luta dos negócios, ou que participa da vida pública, pode, se não prestar muita atenção a si mesmo, tornar-se duro e insensível. De todos os fracassos, talvez esse seja o pior. Quem é bem-sucedido em outros sentidos e torna-se um "homem rude" é, afinal, um lamentável fracasso.

Mais uma vez, pessoas bem-sucedidas, esforçadas e venturosas são muito mais tentadas do que as que têm medo de se aventurar e permanecem no vale da mediocridade.

> O sucesso, para os não iluminados, pode significar o acúmulo de riquezas e a conquista da fama.

Isso é verdadeiro, não somente para quem procura escalar o caminho íngreme da realização espiritual, mas também para quem tem sucesso em assuntos mundanos. Nos dois casos, eles colocaram sob sua guarda grandes poderes e influência, com os quais o homem comum sonha pouco. Trata-se de uma responsabilidade considerável, pois se esses poderes forem usados para a autopromoção, os resultados serão desastrosos. Assim, aqueles que ascendem são atacados de todos os lados por tentações muito sutis e, ao cederem a elas, arruinarão a vida e provocarão graves danos à alma.

A vida é uma batalha contínua. Para o cidadão comum, em geral, consiste em uma luta contra as circunstâncias e as dificuldades corriqueiras da vida, que são muito importantes aos seus olhos. A alma mais evoluída não se preocupa muito com essas coisas, pois está acima delas, mas é tentada e provada em um grau muito maior. E de um modo muito mais sutil. Quem pensa que por seguir determinado "culto" ou "ismo" conseguirá ter uma vida tranquila está apenas se iludindo. Conforme aprende a superar as dificuldades da vida que desnorteiam o indivíduo comum, será tentado e provado de outras maneiras mais sutis. Isso porque a vida não existe para o mero prazer passageiro, mas para a edificação do caráter por meio da experiência. Portanto, quem quiser o sucesso deve ser forte, sábio e paciente. Quem aspira a fazer sua vida de fato valer a pena, pretende servir a seus semelhantes com mais perfeição, deseja edificar o caráter por meio da experiência e superar todas as suas fraquezas, herdadas ou não, deve buscar o poder e a sabedoria dentro de si.

É preciso destacar, entretanto, que o homem não deve usar seus poderes espirituais para propósitos egoístas e de autopromoção. Existe uma lei imutável, conhecida há tempos na doutrina espiritual, que proíbe o uso de poderes espirituais para a criação de riqueza ou mesmo para ganhar o pão de cada dia. Jesus foi sujeito à mesma lei espiritual e foi tentado exatamente da mesma maneira que nós. O tentador disse: "Ordene a esta pedra que se transforme em pão." Se Cristo tivesse transformado a pedra em pão, teria fracassado em Sua grande missão, mas Ele conhecia a lei. Existem milhares de pessoas hoje que estão tentando não apenas transformar pedras em pão pelo mau uso de seus poderes espirituais, mas também em automóveis, gordos saldos bancários, terras e propriedades. Essas caminham para a desgraça, pois estão trabalhando *contra* o Poder Espiritual acumulado do Universo. Àqueles que aprenderam a explorar o poder inesgotável do Universo, e que descobriram que são filhos de Deus, o Inimigo das Almas oferece riqueza, poder, pompa e o aplauso dos homens, coisas reluzentes que perecem. Basta que façam mau uso do seu poder concedido por Deus. Assim como Jesus, eles devem recusar. Devem colocar o servir adiante de si mesmos e doar em vez de tomar.

Milhares estão sendo ensinados hoje a impor sua vontade humana à vida e a usar poderes

> O sucesso, especialmente o sucesso material, não é, por si só, muito benéfico para quem o conquista. Não satisfaz por muito tempo, mas é valioso de outras maneiras.

ocultos para alcançar riqueza e poder. São ensinados a adentrar o Silêncio e exigir "o que quiserem." "Como conseguir o que você deseja" é o lema desses professores modernos. Não merecer, não servir, não oferecer, mas exigir, obrigar pela força de vontade humana e pelo uso de forças ocultas. Esse é outro artifício do Inimigo das Almas, e ele está tirando do Caminho dezenas de milhares de buscadores da Verdade. Tratamos desse assunto em mais detalhes em outro capítulo.

> Quem aspira a fazer sua vida de fato valer a pena, pretende servir a seus semelhantes com mais perfeição.

Se, no entanto, a ambição do homem é servir e doar, em vez de tomar e subtrair; se, também, ele busca o sucesso por mérito e não pelo mau uso de seus poderes espirituais, ele pode seguir em frente, e o Poder irá com ele e o ajudará. Uma vez que o Poder tenha sido despertado, o homem deve interromper todo esforço puramente egoísta, embora, é claro, ainda haja muito egoísmo em sua motivação. Ele deve buscar o sucesso por meio do servir e de objetivos nobres, por meio do mérito e de uma troca justa, em vez de tentar arrancar à força o sucesso da vida, não importando quem sofra com isso.

Além disso, quando esse Poder é manifestado, ele deve ser usado apenas com amor, pois, se usado de outra forma, destruirá seu usuário. Mais uma vez, o poder não deve ser usado pela vontade finita do ser humano, mas se deve fazer um esforço para encontrar qual é a Vontade do Todo e para trabalhar em harmonia com ela.

Por detrás de todas as vidas há a Vontade e o Propósito Divinos. Toda vida é perfeita conforme imaginada pela Mente Universal. O maior sucesso, o único sucesso verdadeiro de fato, é viver a vida de acordo com o grande Propósito Cósmico, ou, em outras palavras, conforme imaginada pela Mente Única.

Não pense, entretanto, que é da Vontade da Mente Universal que o homem seja um fracasso ou careça de realizações. Longe disso, pois basta contemplarmos o Universo para ver que a Mente Eterna está sempre concretizando realizações e que nunca falha. O homem também deve ter sucesso, mas deve agregar sabedoria à ambição e trabalhar para o benefício do Todo, em vez de ser guiado por qualquer propósito puramente egoísta.

É natural que o homem "progrida" na vida em proporção moderada[5]. Para "progredir", ele deve tornar-se mais eficiente e, assim, servir melhor à vida e a seus semelhantes. Portanto, não há mal nenhum em um sucesso desse tipo. É natural e também louvável que alguém em um ambiente pobre e inóspito tenha a ambição de alcançar condições melhores. É justo que ele deseje tornar a vida mais promissora e melhor para sua esposa e família. Contanto que se entregue à ambição com sabedoria e busque o sucesso por meio de *servir melhor* a seus semelhantes, seu propósito é louvável. Se, no entanto, não refrear e controlar sua ambição, mas permitir que ela "corra solta" com ele, então perderá toda a verdadeira alegria na vida e, ao final, quando for tarde demais, aprenderá, para sua tristeza, que sua vida, por culpa de "sucesso" em demasia, foi um fracasso.

Na experiência do escritor, é necessário que estejamos sempre progredindo, realizando, superando e nos empenhando em ter sucesso.

---

[5] Não se deve deduzir a partir disso que o autor deprecia grandes realizações. Deve haver sempre alguns poucos que têm de assumir enormes responsabilidades. O verdadeiro sucesso da vida desses seres grandiosos depende por completo de sua MOTIVAÇÃO. Se eles buscarem apenas poder, fama e autopromoção, então sua vida, não importa como possa PARECER, só poderá ser um fracasso. Se, entretanto, sua motivação for SERVIR, então sua vida será de fato bem-sucedida, não importa como possa parecer. (N.A.)

O PODER ESTÁ DENTRO DE VOCÊ

Uma das maiores leis do Universo é o progresso. Por conseguinte, ficar parado é fatal. Devemos seguir em frente, devemos realizar, devemos concretizar coisas. Se fizermos isso, podemos descobrir que muitas coisas que exigem

> Quando esse Poder é manifestado, ele deve ser usado apenas com amor.

tremendo esforço e trabalho árduo não valem a pena, mas o tempo todo estamos aprendendo por meio da experiência e sendo fortalecidos e preparados para coisas maiores. Pelo fracasso repetido em encontrar a verdadeira satisfação, chegamos por fim ao verdadeiro conhecimento, sabedoria e compreensão. Então, seremos sábios se, com o mundo a nossos pés, pudermos nos contentar com um sucesso material bastante moderado, e voltarmos nossa atenção e aspirações para coisas mais elevadas e melhores.

Ao concluir este capítulo, destaque-se que o sucesso e as realizações não cairão do céu em seu colo. Todos os que têm sucesso são sedentos por trabalho, labutam enquanto outros brincam e dormem. Todo ensinamento em contrário é equivocado. Pensar que o sucesso chegará quando não for merecido, simplesmente porque você faz uso de "afirmações" ou emprega "tratamentos" mentais, é uma tolice de primeira grandeza. Por outro lado, usar as forças internas de forma oculta a fim de forçar coisas materiais ou "sucesso" em qualquer aspecto ou formato a virem até você é magia negra. Quem se rebaixa a tais artifícios passa a praticar a magia negra, atraindo para si uma tenebrosa retaliação. Só existe uma forma de ter sucesso nas questões da vida: alçar-se a uma finalidade maior e servir. Ao fazer as coisas melhor do que antes, ao assumir responsabilidades maiores, você consegue servir melhor à humanidade e, portanto, merece o sucesso. "Há maior felicidade em dar do que receber", disse o Mestre, e isso é verdade até mesmo nas questões práticas e materiais da vida. Primeiro, você deve prestar um serviço melhor e mais valioso; em outras palavras, mereça e seja digno antes de esperar que algo se concretize. Você deve semear antes de colher, deve ficar grande demais para sua posição atual antes de poder ocupar uma posição maior. Deve crescer e se expandir de todas as maneiras possíveis e, à medida que crescer, seu sucesso também aumentará. O sucesso exterior é apenas um reflexo, por assim dizer, do que você de fato é, e um resultado de um serviço maior e mais valioso à humanidade. É preciso muito esforço e determinação para sair da rotina, mas, desde que sua ambição não seja ignóbil ou egoísta, haverá dentro de você poder suficiente para todas as suas necessidades.

Obter sucesso, seja no alvoroço da vida ou no caminho mais difícil da evolução espiritual, exige imaginação, visão, coragem, fé, determinação, persistência, perseverança, esperança, alegria e outras qualidades. Tudo isso pode ser encontrado dentro de você. Todas essas qualidades estão mais ou menos adormecidas internamente e podem manifestar-se se acreditarmos que o Poder Eterno é nosso.

Mais uma vez, entretanto, é preciso repetir o aviso de que esse Poder não deve ser usado para a autopromoção egoísta, muito menos pode ser usado, ou melhor, mal usado, para influenciar ou dominar os outros. Se esse Poder for mal-empregado, os resultados serão terríveis e desastrosos. Portanto, usem o Poder apenas para concretizar objetivos bons e nobres e para servir a fim de enriquecer a vida de seus semelhantes, contribuindo para o bem comum. Tendo chegado a esse estágio, você deve seguir em frente. Não pode haver recuo. Sempre em frente, o Impulso Divino o conduz a maiores conquistas e realizações. Tão certo quanto os planetas devem girar em torno do sol e cumprir seu destino, assim também você deve seguir em frente. Cuide, então, para que seus objetivos e ambições sejam baseados na sabedoria eterna, pois disso depende todo o seu futuro.

Saúde

É impossível, em um trabalho curto desta natureza, explicar por que uma pessoa herda um corpo fraco e enfermo e outra goza de uma constituição forte e robusta. Aqui, é suficiente observarmos que os dias de saúde bruta e rústica estão indo embora, e que o homem está se tornando mais tenso, nervoso e psíquico em sua constituição. Aquela saúde antiga, bruta e espontânea, devia-se à natureza animal do homem, que resultava em um corpo governado de maneira mais profunda pela mente instintiva. Seres humanos menos evoluídos não são afetados, ao que parece, pelas tempestades mentais, mudanças psíquicas e desarmonias espirituais que perturbam a saúde dos tipos mais evoluídos. Temos um exemplo disso no caso de algumas formas de insanidade. O paciente "enlouquece" e, como resultado, sua saúde física melhora de forma espetacular. A mente instintiva assume o controle das coisas, e o resultado é uma saúde animal primitiva e robusta. Quando o

> A mente instintiva conseguiu trabalhar sem ser perturbada.

paciente estava são e tinha a mente cheia de preocupações, ambições, planos, cuidados, luxúrias, ódios e pesares, talvez se encontrasse muito longe de estar bem. Isso seria devido aos efeitos desestabilizadores de seus pensamentos e sentimentos descontrolados. Quando, portanto, sua mente consciente se entregou e ele ficou feliz de uma forma idiota, parou de pensar nessas coisas perturbadoras, e o resultado foi que a mente instintiva conseguiu trabalhar sem ser perturbada.

Não adianta suspirar pelos "bons e velhos tempos", quando as pessoas eram rústicas e fortes da forma como os selvagens são rústicos e fortes, pois a evolução determinou que o homem deve se transformar em um tipo mais elevado, mais nervoso e mais sensível. Nesse tipo sensível, pensamentos e emoções erradas produzem dor e sofrimento com muita rapidez. A maioria das pessoas não sabe o que é ter boa saúde. Elas não apenas sofrem de pequenas queixas, como dores de cabeça, indigestão, reumatismo, neurite, como também nunca se sentem sadias ou completamente bem. Elas não conhecem a alegria de viver. A vida não as empolga, nada acelera seu coração, elas não têm momentos de êxtase intenso. Em outras palavras, não vivem, apenas existem de forma precária rumo à morte.

Muitas pessoas consideram as doenças e enfermidades inevitáveis, mas a verdade é que a saúde é o estado normal, e os problemas de saúde são uma anormalidade. Ao rastrear a doença até sua origem, descobrimos, em primeiro lugar, que ela é resultado de uma desobediência à lei natural. Muitas pessoas infringem quase todas as leis naturais de saúde conhecidas e se surpreendem ao ficarem doentes. No entanto, surpreendente é que eles estejam assim tão bem. Contudo, embora a obediência às leis da natureza e o uso de

> Ao analisarmos a mente, encontramos uma prolífica fonte de doenças.

métodos de cura pela natureza nos levem até uma certa parte do caminho, descobrimos que deve haver causas ainda mais profundas do que as físicas. Somos confrontados pelo fato de haver muitas pessoas que obedecem a todas as leis físicas conhecidas de saúde, tomam banho, fazem exercícios, respiram, comem e bebem cientificamente, adotam métodos de cura pela natureza em vez de drogas e soros, mas ainda assim não conseguem ser saudáveis. Sendo assim, devemos pesquisar com mais profundidade e examinar a mente para descobrir a causa dos problemas de saúde.

> Ao reconhecer a verdade, e ao pensar e viver em sua luz e poder, o encanto hipnótico se quebra.

Ao analisarmos a mente, encontramos uma prolífica fonte de doenças. Com o próprio pensamento, o homem suscita problemas de saúde e enfermidades. É bem sabido que pensar em doenças e enfermidades faz com que elas se produzam no corpo. Pessoas que estão sempre pensando em doenças, enfermidades, operações e outros assuntos mórbidos tornam-se presas dessas coisas. Quem acredita que a doença é inevitável manifesta isso em sua vida. O pensamento mórbido produz um estado mórbido do corpo, transforma a pessoa em uma presa fácil de infecções, arruinada por problemas crônicos de saúde, ou mesmo enfermidades. Permitir que os pensamentos se demorem em coisas mórbidas é um caminho garantido para a doença e a invalidez.

O homem não fica doente apenas por seus próprios pensamentos e emoções negativas. Ele também está sob o feitiço hipnótico da mente humana. "O Deus deste mundo cegou as mentes dos incrédulos." Estamos todos, em maior ou menor grau, sob o feitiço de uma enorme ilusão. O mal, doença, enfermidade e outras imperfeições que percebemos e vivenciamos não têm realidade, *de fato*, mas têm uma existência na *irrealidade*. Embora não sejam reais no sentido concreto, são terrivelmente reais para consciência limitada vigente. Ao reconhecer a verdade, e ao pensar e viver em sua luz e poder, o encanto hipnótico se quebra. Não por completo, do contrário não envelheceríamos, mas a tal ponto que se pode usufruir de um estado de saúde bastante melhor.

Também somos hipnoticamente afetados pela sugestão, que nos chega de milhares de fontes diferentes. As conversas de amigos e conhecidos afetam-nos de forma negativa. Sua crença na doença e na enfermidade como realidades, e em sua inevitabilidade, influencia todas as suas conversas e, a menos que nos protejamos contra isso, somos afetados de forma inconsciente. Jornais, revistas, livros, todos submersos no mesmo erro, também nos influenciam, a menos que nos tornemos positivos demais para sermos afetados. Por inúmeras fontes, somos sutilmente sugestionados que doenças, enfermidades e infecções são realidades que não podem ser evitadas e às quais estamos sujeitos.

> "As forças divinas da vida são direcionadas para o canal incorreto, resultando em indulgência e enfraquecimento inevitável do corpo, cérebro e vontade, ou na repressão e suas consequentes doenças nervosas."

A consequência de tudo isso, em linguagem simples e elementar, é desviar a força vital para canais errados, produzindo doenças e problemas de saúde no lugar da perfeição. O estado normal de saúde dá lugar a um estado anormal de doença ou enfermidade. No entanto, o estado normal de saúde é restaurado quando se alcança a Verdade e se vive a vida em Sua luz e poder. Atrás de toda ilusão e imperfeição da vida dos sentidos encontram-se a Verdade Absoluta e a Perfeição. É reconhecendo a Verdade e a perfeição da Realidade e ancorando a vida do pensamento na Verdade, para que nossos pensamentos deixem de ser negativos e baseados no erro e na ilusão, que se pode encontrar a saúde.

Costuma-se dizer que problemas de saúde são consequência do pecado. E assim é, porque pensar em doenças, enfermidades e problemas de saúde acreditando que são inevitáveis é um dos maiores pecados. O caminho da vida é andar (pensar e agir) segundo o Espírito (que é perfeito, íntegro, imortal e incorruptível) e não segundo a carne (corrupção, doença, morte). Ao pensar "segundo a carne", desonramos a Deus, que é a Totalidade e a Perfeição absolutas, e nos isolamos da Vida e do Poder Divino.

Mas há outras maneiras pelas quais pensar de forma equivocada destrói a saúde. Ter pensamentos de inveja é uma fonte prolífica de infelicidade, moléstias e doenças nervosas. As forças divinas da vida são direcionadas para o canal incorreto, resultando em indulgência e enfraquecimento inevitável do corpo, cérebro e vontade, ou na repressão e suas consequentes doenças nervosas. Quando se permite que os pensamentos se demorem na impureza, consequências ruins virão de alguma forma, seja em atos, em saúde precária, ou ambos. O pensamento deve ser controlado e revertido o tempo todo. Não reprimido, mas revertido, note-se, pois há uma enorme diferença entre os dois. A repressão cria problemas nervosos, mas ao reverter ou transmutar os pensamentos, a vida se transforma e a saúde física melhora muitíssimo.

Além disso, deixar-se levar por pensamentos de ódio, ressentimento, má vontade, medo, inquietude, preocupação, pesar e ansiedade causa problemas de saúde e, ao diminuir o tônus do corpo, deixa-o exposto a infecções e doenças. Vemos, portanto, que o estado da mente e a natureza dos pensamentos são fatores importantes que não podem ser ignorados. É inútil tratar males e problemas de saúde se eles forem apenas os efeitos *externos* de causas invisíveis da mente. Para realizar uma cura, temos de nos voltar à causa do problema.

O controle do pensamento é de grande ajuda. Substituir um pensamento equivocado por um correto ou positivo irá, com o tempo, operar maravilhas na vida. No subconsciente, temos um poder infinito de extraordinária inteligência. Em função dos nossos pensamentos, esse maravilhoso poder tem a capacidade de fortalecer saúde, harmonia e beleza em nossa vida e corpo, ou fazer exatamente o contrário. O poder é bom, e parece que a inteligência é infinita, mas ele vai para onde quer que nossos pensamentos o levem. Por meio do nosso pensamento, portanto, criamos ou destruímos, produzimos o bem ou o mal. Se, portanto, todos os nossos pensamentos são bons, positivos e construtivos, segue-se que tanto o nosso corpo como a nossa vida devem ser construídos em harmonia e perfeição. A questão é: isso pode ser feito? Isso pode ser feito, se tivermos a intenção e estivermos dispostos a nos disciplinar e perseverar diante, muitas vezes, de um aparente fracasso. Alguns leitores podem dizer, a esta altura, que não têm qualquer desejo de ser tão incrivelmente bons, que não estão preparados para abandonar a luxúria, a impureza, o ódio, a raiva, a malícia e os pensamentos e emoções desse tipo. Muito bem, se assim for, devem prosseguir e aprender, por meio do sofrimento, a lição que se recusam a aprender de boa vontade. Outros podem dizer: "Sim, quero controlar meus pensamentos, mas como posso parar de me afligir se tenho com que me preocupar, e como posso parar de odiar se fui tratado com tão extrema injustiça?". Isso nos leva a uma fonte de problemas de saúde ainda mais profunda do que a mente, a saber, a atitude do coração. Nossas escrituras dizem que "como um homem imaginou em seu *coração*, assim ele é." Por "coração", entende-se a alma ou sentimento, a parte do homem que deseja. É aqui onde ocorre o conflito entre a vontade própria e a Vontade Divina, entre os desejos da carne e os anseios do Espírito. A verdadeira causa raiz de toda

> A desarmonia espiritual é a fonte de todos os problemas de saúde e enfermidades.

infelicidade, desarmonia e problemas de saúde é espiritual, e não apenas mental ou física. As últimas são causas contributivas, mas a primeira é a causa determinante. A desarmonia espiritual é, na realidade, a fonte de todos os problemas de saúde e enfermidades. Enquanto a harmonia espiritual não é restaurada, o homem é um reino dividido contra si mesmo, que, como disse nosso Senhor, não aguenta sobreviver. A cura, então, deve ser de natureza espiritual. Até que essa harmonia exista, não pode haver superação de pensamentos de ódio, pensamentos de medo ou pensamentos de preocupação. E até que eles sejam superados, não pode haver cura verdadeira. A cura de nosso Senhor foi uma cura misericordiosa do Espírito. Ele restaurou a harmonia interior ao perdoar o pecado, ao mudar os desejos do coração, ao colocar a vontade do sujeito em harmonia com a Vontade Divina do Todo. A cura de nosso Senhor não foi alcançada por meio de sugestão, nem foi realizada pela força de vontade humana; ela foi feita harmonizando o coração, os desejos e a vontade com a Vontade Divina. Ao mesmo tempo, deve ter havido uma revelação da verdade de que a Vontade de Deus é amor, plenitude, alegria e perfeição, e não doença, enfermidade e sofrimento.

A cura mental não se torna possível até que tenhamos feito as pazes com Deus. Enquanto não nos rendermos por completo ao princípio do amor, não conseguiremos superar nossos pensamentos de ódio e maldade ou ressentimento, transmutando-os em pensamentos de amor. Enquanto não nos rendermos à Vontade Divina e deixarmos todos os nossos problemas para a Mente Infinita, não conseguiremos parar de nos preocupar e temer. É necessário ter disciplina mental e controle do pensamento depois que essa mudança interior ocorrer, pois todos nós temos de trabalhar nossa própria salvação. Mas o essencial é a entrega íntima do coração em amor e confiança. Enquanto odiarmos nosso irmão, temermos o que o amanhã nos reserva, ou nos preocuparmos com as coisas desta vida, nunca estaremos bem. Quando, entretanto, nos sintonizamos com a Harmonia Divina, aprendemos a controlar nossos pensamentos e emoções e a transmutar os desejos carnais e materiais em um servir afetuoso, o resultado inevitável é um estado de plenitude. Antigos distúrbios arraigados desaparecem, e uma melhora constante no estado de saúde toma seu lugar.

Para recuperar a saúde é necessário elevar-se o tempo todo ao Ideal Divino de saúde, harmonia e perfeição. Mas isso é inútil se ainda restar um conflito entre a vontade pessoal e a Vontade Divina, ou se houver algum ódio, maldade, inveja ou medo no coração. A vontade deve ser entregue à Vontade maior (esse, na realidade, é o nosso bem maior, pois o cumprimento da Vontade Divina é o destino feliz do homem). O coração deve perdoar e se encher de amor. O medo deve ser expulso e substituído por fé e total confiança para que possamos entrar naquele estado de felicidade, despreocupação e sossego que é necessário para a cura. Saúde é harmonia, um delicado equilíbrio e

> "Para recuperar a saúde é necessário elevar-se o tempo todo ao Ideal Divino de saúde, harmonia e perfeição."

afinação entre espírito, alma, mente e corpo. Essa harmonia depende em absoluto da harmonia maior entre nós e Deus. Enquanto houver conflito de vontade, enquanto houver ódio ou ressentimento, enquanto houver egoísmo ou medo, essa harmonia não pode existir. Portanto, a pedra angular da saúde é a harmonia espiritual. Toda cura é uma restauração da harmonia entre o homem e sua Fonte Divina. Quando essa harmonia é restaurada, o homem não é mais um reino dividido contra si mesmo, pois ele passa a se estabelecer na *unidade*. Ele trabalha com o Universo e as Leis Divinas de seu ser, em vez de trabalhar contra elas. A Vida Divina e o Poder fluem através dele sem impedimentos, promovendo um funcionamento subconsciente perfeito. Seus pensamentos são purificados na fonte ("Cria em mim um coração puro, ó Deus, e renova um espírito reto dentro de mim", "Purifica-me das faltas que me são *ocultas*"). Ele se torna livre do encanto hipnótico da mente humana: seus olhos, pela influência do Espírito Divino, tornam-se abertos para a Verdade. Como resultado, ele não está mais ofuscado pelo Príncipe deste mundo. Na União Divina ele se torna livre. (Em Cristo todos são vivificados).

O tema do luto e seus efeitos sobre a saúde foi deixado para o final de propósito. Nenhuma profusão de pensamento correto consegue impedir o luto nesta vida. Ele faz parte da disciplina necessária à vida e depende em absoluto de como enfrentaremos nossas provações, se causarão dor ou a serão a maior bênção possível. Ao nos rebelarmos contra a disciplina da vida, as mágoas tornam-se dolorosas, mas a dor não está no luto em si, e sim na atitude da mente e do coração. Enquanto a alma não for capaz de beber o cálice da tristeza de bom grado e dizer "seja feita a tua vontade", o luto é prejudicial, destruindo a saúde e a felicidade. A causa da mágoa está, entretanto, na dureza do coração, e não na perda em si. Sendo assim, deve haver submissão e o reconhecimento de que a disciplina é necessária. Mas isso não implica uma entrega fraca à dor e ao luto. É verdade que uma pessoa que foi enlutada nunca mais será a mesma, pois se torna mais disciplinada, mais amorosa, mais solidária, profunda e dócil em personalidade. A pessoa amada nunca poderá ser esquecida, mas não é por isso que o coração deve se abater pela dor, e a vida ser desolada pela tristeza. Em tais casos, a religião verdadeira, não a religiosidade, é a única coisa que pode satisfazer a alma, harmonizar a mente e curar o corpo. Estar ancorado na Verdade, sabendo que tudo está bem, que Deus não comete erros e que não existe, na realidade, nenhuma morte, mas apenas mudança, é a única maneira de transformar o luto em um mal que vem para o bem. Quando esse estágio é alcançado, supera-se a tristeza, pois a morte é engolida pela vitória. A única panaceia para todos os problemas da vida é a harmonia consciente com nossa Fonte Divina e com a Vontade e Propósito Divinos, que desejam apenas o nosso bem mais elevado.

> "É verdade que uma pessoa que foi enlutada nunca mais será a mesma, pois se torna mais disciplinada, mais amorosa, mais solidária, profunda e dócil em personalidade."

O segredo da abundância de provisões

Eis uma verdade metafísica: a vida exterior é um reflexo da vida do pensamento. Nossa vida é afetada por nosso hábito de pensar e postura mental de duas maneiras. Primeiro, todas as nossas ações são influenciadas de forma inconsciente por nossos pensamentos, ajudando assim a materializar, ou atraindo, para nós, um ambiente que corresponda aos nossos pensamentos[6]. Em segundo lugar, irradiamos ou emitimos uma influência silenciosa e invisível que sem dúvida afeta outras pessoas. Talvez elas não se deem conta disso, mas são repelidas ou atraídas por essa influência silenciosa. Dessa forma, se nossa postura mental

---

[6] Essa afirmação pode parecer radical à primeira vista, mas dois exemplos singelos provarão sua razoabilidade. Primeiro, veremos o caso de um homem preso por violar a lei. É óbvio que ele está nesse ambiente devido às suas ações erradas, sendo essas últimas um fruto de seus pensamentos, pois todas as ações brotam dos pensamentos. A seguir, consideremos o caso de um honesto dirigente de uma empresa lucrativa. A posição que ocupa, claro, é consequência de suas ações, pois chegou lá com trabalho árduo e lealdade. E tudo isso graças, em primeiro lugar, ao pensamento construtivo e a uma postura mental correta. (N.A.)

> "A vida exterior é um reflexo da vida do pensamento."

e pensamentos forem do tipo inadequado, não apenas nossas ações são afetadas por eles, mas também exercemos uma influência silenciosa que contribui para afastar de nós o tipo certo de amigos, oportunidades, sucesso e todo o bem possível. O inverso também é verdadeiro. Por meio dos pensamentos certos e de uma postura mental correta, atraímos para nós, de forma natural, todo o bem que nossa vida atual é capaz de oferecer.

A Bíblia nos diz que a forma como um homem pensa em seu coração, assim ele é. Também é verdadeiro dizer da forma como um homem *é*, assim ele *pensa*; e que da forma como pensa, também assim se tornam sua vida e circunstâncias exteriores. Portanto, da forma como um homem *é*, o entorno também o é. Pode parecer um tanto metafísico, mas na verdade é muito simples, e a prova chega até nós o tempo todo. Quer um exemplo? Quem é desmazelado, será desmazelado em qualquer lugar, num casebre ou numa mansão. Portanto, antes que se possa mudar o ambiente de uma pessoa, é necessário mudar o íntimo dessa mesma pessoa. Quando um homem transforma seu íntimo e se preenche com novas ambições, ideais e esperanças, ao longo do tempo transcende seus arredores sórdidos e *atrai para si um ambiente que corresponda a seu novo estado de espírito*. Seria inútil arrumar a casa de uma pessoa desmazelada, pois logo ela a transformaria em um chiqueiro outra vez. Mas se pudéssemos colocar em sua mente um novo ideal de asseio, limpeza, ordem e impecabilidade, ela não descansaria até que seu entorno imediato correspondesse, pelo menos em alguma medida, a seu ideal ou imagem mental.

Muitas vezes, os fracassos da vida de um homem, suas desarmonias e pobreza, sejam elas comparativas ou reais, constituem símbolos externos de sua fraqueza de caráter. Ele pode ter habilidades em abundância, mas pode faltar-lhe empenho ou firmeza e, portanto, fracassa em todos os seus empreendimentos e tem de ser sustentado por sua esposa e filhas. Ele insistirá que sua situação é produto da má sorte, mas a verdadeira causa de seu fracasso está em seu caráter, ou melhor, falta de caráter.

Se, portanto, a pobreza e a carência ou as dificuldades financeiras de um homem devem-se à fraqueza de caráter que se manifesta em seu trabalho e no trato com os outros na forma de ineficiência, mau serviço e mau julgamento, conclui-se que ele mesmo deve mudar para que sua condição possa ser transformada para melhor em definitivo. A dificuldade em lidar com pessoas malsucedidas reside em fazê-las perceber que elas mesmas são a causa de todos os seus problemas. No entanto, até que se deem conta disso, são um caso perdido, e é impossível ajudá-las. Mas quando reconhecem que a culpa é delas, é possível mostrar-lhes que existe um remédio para seus males e um caminho para sair de suas dificuldades, por meio do autodesenvolvimento. Deixe-as, então, procurar fraquezas ocultas e fortalecer esses pontos fracos de seu caráter, como falta de coragem, determinação, firmeza, persistência, paciência, probidade e decisão, que são a causa de seus problemas, e elas descobrirão que aos poucos a situação mudará para melhor. Tudo vem de dentro. Primeiro dentro, depois fora; esta é a lei. Portanto, a mudança deve sempre ocorrer internamente.

Aprofundando o assunto e sendo mais metafísico, é necessário ressaltar

> "Por meio dos pensamentos certos e de uma postura mental correta, atraímos para nós, de forma natural, todo o bem que nossa vida atual é capaz de oferecer."

que a causa de toda manifestação é a Mente. Já vimos que a mente e o caráter de um homem refletem-se na situação dele. Agora vamos pensar, por um momento, sobre a Mente que é Eterna. Todo o universo, que é obviamente infinito em extensão, tem sua origem na Mente Divina, e *está contido nessa Mente Eterna*, da mesma forma que você pode guardar uma imagem mental em sua própria mente. O Universo de Deus, *da forma como é representado na Mente Divina*, é perfeito. Nós o vemos como imperfeito porque só recebemos uma percepção sensorial finita daquilo que é perfeito e infinito, formando assim em nossas mentes uma imagem imperfeita e finita na essência, que projetamos para fora, e, não conhecendo nenhuma melhor, achamos que é real. Mas o universo, *conforme imaginado na Mente Divina*, e como de fato é na realidade, é infinito e perfeito. Também é infinitamente perfeito. Não há pobreza ou carência em um universo que é infinitamente perfeito, íntegro e completo na Mente Divina. A pobreza e a carência têm sua origem na mente do homem; não têm lugar na mente de Deus.

Não se pode, neste trabalho, explorar em maior profundidade esse assunto tão fascinante. É suficiente dizermos aqui que a única Realidade é infinita perfeição e plenitude, portanto, não pode haver nenhuma carência (na realidade). A carência e pobreza flagrantes que vemos ao nosso redor são produtos da mente humana. Aqueles que vivem em uma consciência de pobreza e de carência passam a vida presos aos grilhões da limitação. Nunca conseguem escapar da pobreza; ela segue seus passos como uma sombra. Na verdade, é

> "Antes que se possa mudar o ambiente de uma pessoa, é necessário mudar o íntimo dessa mesma pessoa."

uma sombra ou reflexo, na vida exterior, de seu estado de espírito e postura mental.

Por outro lado, aqueles que vivem em uma consciência da suficiência não se preocupam com provisões. A situação em que se encontram reflete seu estado de espírito e postura mental. Isso não quer dizer que eles serão ricos, pois muitos deles preferem viver em condições precárias, e um grande número de pessoas não deseja possuir riquezas de qualquer tipo, mas quer dizer que não se preocupam com provisões, pois suas necessidades são sempre atendidas de maneira satisfatória.

> "O universo é infinito e perfeito."

Muitos consideram a posse de riquezas uma iniquidade. Em particular, não vejo como, nesta altura, isso possa ser evitado por completo. O capital é necessário para a condução dos negócios e para a realização de empreendimentos, mas, no que diz respeito ao acúmulo de riquezas, com certeza acho que é imprudente e desnecessário. Não há nada mais sufocante para a vida espiritual do que as riquezas. Sempre há esperança para o bêbado e a meretriz, mas é muito difícil, embora obviamente não impossível, para quem está carregado de riquezas entrar no reino dos céus. Alguns conseguem fazê-lo, mas têm permissão para entrar só porque consideram sua riqueza como algo sem importância, de que são apenas guardiões por um período.

O acúmulo de riqueza é tão desnecessário quanto a pobreza. Ambos estão fundamentados em um erro primário. Esse erro é pensar que todo suprimento, sendo material, deve necessariamente ter uma fonte material, que está limitado na quantidade e deve-se à vista disso abocanhá-lo e lutar por ele. A verdade é, sem dúvida, que a fonte do suprimento é espiritual, e portanto não tem limites. Portanto, quem compreende a verdade não tem nenhum pensamento de pobreza ou carência e para

> "O acúmulo de riqueza é tão desnecessário quanto a pobreza."

de temê-las. Por outro lado, não tem estímulo para acumular ou se apoderar de riquezas, pois de que servem as riquezas para alguém cujas provisões estão garantidas para sempre?

Todos os que encontram essa verdade acerca do suprimento repudiam a riqueza ou não a levam tão a sério. Eles deixam de ter qualquer desejo de riqueza. Por que deveriam sentir tal desejo? As pessoas anseiam por riqueza porque têm um medo mortal da pobreza e anseiam por riqueza porque pensam que tal posse as libertaria de seus medos. Quando, porém, conhecem a verdade, SABEM também que suas necessidades sempre serão aprovisionadas, pois não desejam mais a riqueza, com suas preocupações e responsabilidades.

A riqueza é tão anormal quanto a pobreza. Nosso Senhor mostrou ser esse o caso por escolher viver na pobreza (mas não na penúria) e por Seu ensinamento no Sermão da Montanha. O que Jesus prometeu foi um suprimento adequado, mas não fortuna ou riquezas, para aqueles que tinham fé suficiente em seu "Pai Celestial". Muitas pessoas vivem essa vida sem planos, em total dependência de sua Fonte Espiritual. Elas nunca ficam ricas, mas todas as suas necessidades são supridas. Algo sempre chega a tempo de atender às suas necessidades. Viver assim exige uma fé muito viva e ativa, mas os resultados são tão certos quanto o nascer do sol.

Compreender a verdade acerca do suprimento é uma base necessária para a fé, sem a qual a vida sem planos é impossível. É necessário *conhecer* a absoluta falsidade e irrealidade da penúria e carência para que possamos confiar na Providência Divina ou na obra da lei espiritual (ao mesmo tempo, mental). É necessário saber que o universo é Espiritual; que Deus é Espírito, em quem vivemos, nos movemos e temos nosso ser; que por sermos uma parte do Todo, muito pequena, mas ainda uma parte, todas as nossas necessidades deverão ser supridas através dos tempos. O suprimento, suficiente para todas as nossas necessidades, é a realidade. A penúria e a carência, produtos da falta de fé, do medo, da ignorância, da fraqueza de caráter, têm sua origem na mente humana e são a irrealidade, o negativo que não tem permanência ou realidade.

Quando tivermos conhecido a verdade, é necessário viver na Consciência dela e pensar, agir e louvar a Deus como se a suficiência já fosse nossa. Não para gastar um dinheiro que não podemos gastar, nem para incorrer em dívidas, mas para viver mentalmente em um ambiente de suprimento abundante. Temos de lembrar que a mudança na consciência deve ocorrer primeiro, e que ela deve estar bem consolidada para que seus efeitos se manifestem na vida exterior.

Não é fácil atingir essa consciência superior em que conhecemos e percebemos a verdade, a saber, que a Fonte de todo o nosso suprimento é o Espírito, e que a Fonte Divina é ilimitada. Mas é menos difícil para uns do que para outros. Exige atividade mental e vigilância constantes. Requer persistência e perseverança no pensamento correto, embora seja possível para os mais determinados. Ao viver na consciência do Suprimento de Deus e exercer uma fé viva, a vida é afetada, sobretudo devido à mudança de ação consciente e inconsciente.

Tendo lidado com o lado esotérico ou espiritual do assunto do suprimento, tratarei agora mais do lado externo ou prático, sendo o último, é claro, tão importante quanto o primeiro.

Os ensinamentos deste capítulo não desencorajam o cuidado e a parcimônia, longe disso. Depois que o Senhor Cristo alimentou os cinco mil, todas as sobras foram recolhidas com cuidado para que nada fosse desperdiçado. Isso está de acordo com a Lei Universal. Existe uma lei da economia tanto no mundo natural quanto no espiritual. A natureza parece, na superfície, ser muito esbanjadora e pródiga, mas, na verdade, ela jamais desperdiça qualquer coisa, se puder evitar. Portanto, a ação dos discípulos estava de acordo com a lei universal. Que lição para nós! Ser prudente e economizar é uma marca de superioridade tanto da mente quanto do caráter. O desperdício dos pobres indefesos é notório. Os "bem de vida" são muito mais cuidadosos e poupadores do que os muito pobres. Existem exceções, é verdade, mas a regra é que um homem que não consegue economizar dinheiro não tem domínio sobre o sucesso na vida. A incapacidade de negar a si mesmo certas coisas mostra uma fraqueza de caráter e uma falta de propósito que impossibilitam o sucesso. Dois homens que conheci muito bem construíram fortunas a partir de cinco libras, que economizaram com seus parcos ganhos. O começo é sempre difícil. Se você não consegue superar as dificuldades preliminares, não tem o propósito inabalável de se manter firme na batalha da vida. Por outro lado, superadas as dificuldades iniciais, não é difícil colocar sua barca nas correntes da prosperidade. Quando você perceber que há abundância ilimitada no que você pode compartilhar; quando aprender a viver na consciência dessa abundância, ao mesmo tempo em que vive dentro das possibilidades de sua renda atual e faz seu trabalho presente da melhor maneira possível, terá dado os primeiros passos no caminho para a riqueza. Aquele que percebe e acredita de fato que existe abundância e fartura para *si* põe em prática uma lei poderosa que com certeza lhe trará oportunidades, mais cedo ou mais tarde. Muitos, porém, destroçam suas esperanças por não saberem que por um tempo terão de viver uma espécie de vida dupla. Devem ser opulentos na consciência, mas prudentes e econômicos na prática real. Chegará o tempo em que seus recursos aumentarão sobremaneira; então, se forem sábios, viverão de parte de sua renda, em vez de viverem limitados por ela. Isso lhes dará uma ampla margem para fazer caridade, aproveitar novas oportunidades e crescer. Muitos homens de negócios são obrigados a deixar passar oportunidades de ouro simplesmente porque pouparam pouco ou nada, devido a gastos pessoais extravagantes ou por compartilharem seus planos com pessoas que, além de tirarem uma grande parte dos lucros, podem de outras formas se revelar uma séria desvantagem e estorvo.

Embora em sua essência a Fonte de Suprimento seja espiritual, ela chega até nós por meio de canais materiais e, para termos uma parte dela, é necessário conquistá-la. Precisamos dar algo em troca daquilo que extraímos da vida na forma de suprimento. Devemos dar para receber, e o que damos deve ser algo que o mundo deseja ou precisa.

O segredo do suprimento é, então, perceber que há abundância ilimitada e viver na consciência dela, de maneira tão absoluta como se nenhum canal material existisse, e, ao mesmo tempo, trabalhar com tanto zelo e ser tão cuidadoso como se não houvesse suprimento espiritual. Ao mesmo tempo, devemos dar ao mundo algo que ele deseja, ou então servir com alguma competência útil, exercendo honestidade, probidade e justiça em todos os nossos negócios. É tolice esperar que a abundância nos venha de mão beijada. Ela deve ser conquistada por meio de um servir inteligente e fiel.

Por ser um empresário aposentado que começou a vida sem ter nada, nem mesmo boa saúde, examinei esse assunto sob a perspectiva de um homem de negócios. Mas o princípio aplica-se a todos os aspectos da vida, e cada leitor pode adaptar os ensinamentos desta lição às suas necessidades particulares.

> Os resultados são tão certos quanto o nascer do sol.

"Temos de lembrar que a mudança na consciência deve ocorrer primeiro."

Os poderes e limitações da mente subconsciente

A mente subconsciente é a mente da Natureza. Ela é dotada de poderes e inteligência extraordinários, mas nenhuma inspiração. É instintiva, é animal, é natural, mas não tem nada de divina. Ela pertence à terra e ao plano físico. Pode ser descrita como as forças internas da Natureza que habitam nosso corpo. Com isso, dissemos quase tudo o que há para ser dito acerca do subconsciente, embora seja esse o tipo de mente que algumas pessoas transformaram em verdadeiro deus.

A mente subconsciente, se conduzida corretamente, é uma boa amiga, reduzindo todos os pensamentos e atos recorrentes a hábitos, que, com o tempo, estabelecem-se e passam a fazer parte da própria vida. Assim, por meio de pensamentos e atos corretos e conscientes, forma-se um bom hábito, que se torna, com o passar do tempo, quase automático. Isso, é claro, edifica o caráter, que, por sua vez, afeta a vida. Ver-se-á, então, como é importante o uso correto de tal servo fiel e voluntário. Não é nenhum deus, não tem inspiração, mas é um servo muito útil, como veremos.

A maioria de nossos atos ou movimentos são elaborados ou executados no subconsciente. A razão pela qual "a prática leva à perfeição" é que a mente subconsciente aprende a executar a tarefa e, ao fazê-lo, tira-a de nossas mãos. Como é difícil aprender a dirigir um automóvel. Com que cuidado, a princípio, temos de tirar o pé duas vezes da embreagem e alcançar a rotação certa do motor para uma "troca" silenciosa, mas, depois de um tempo, todo o ato é realizado de forma subconsciente. Acontece o mesmo ao tocar piano. Muitos músicos, alguns melhores que outros, conseguem tocar a mais difícil música clássica sem invocá-la de forma *consciente*. Assim que *tentam se lembrar*, a "peça" inteira lhes escapa, mas enquanto deixarem o assunto para o subconsciente (que nunca esquece), eles conseguem continuar tocando. Minha mente consciente e eu não estamos de fato escrevendo muito neste livro. Nós concebemos os pensamentos e temos algo a ver com a formação das frases, mas a mente subconsciente é quem as escreve. Se eu tivesse de pensar em cada palavra e letra, a tarefa seria impossível e eu ficaria morto de cansaço.

> "Assim, por meio de pensamentos e atos corretos e conscientes, forma-se um bom hábito, que se torna, com o passar do tempo, quase automático."

A mente subconsciente, entretanto, é ainda mais útil, pois ela executa a maior parte de nosso pensamento e pode ser treinada para fazer muito mais. Se tivéssemos de ponderar tudo nos mínimos detalhes, seguindo as leis da lógica, a vida seria insuportável. Em vez disso, a mente subconsciente executa a maior parte do nosso pensamento e, se lhe dermos a oportunidade, ela o fará com extrema precisão, sendo rigorosa quanto às leis da lógica e *sem apresentar o menor cansaço*. Quanto mais treinamos o subconsciente para executar o pensamento comum por nós, menos sofremos de cansaço. A mente subconsciente não conhece a fadiga. Portanto, nunca se cansa ou fica sobrecarregada.

Podemos fazer com que a mente subconsciente trabalhe por nós cada vez mais se delegarmos um trabalho específico para ela realizar. Quem aprendeu o controle do pensamento, quem consegue tratar de um assunto, considerá-lo em todas as suas conexões e, em seguida, afastá-lo de seu pensamento consciente é capaz de aumentar sua eficiência em cem por cento e reduzir sua fadiga mental a quase nada. Em vez de trabalhar à exaustão para resolver seus problemas, preocupar-se e intrigar-se com eles, ele apenas os delega à mente subconsciente para serem tratados por uma inteligência dominante que trabalha sem parar, com grande rapidez, extrema precisão e sem nenhum esforço. É necessário, porém, passar ao subconsciente todas as informações disponíveis, pois ele não possui inspiração ou sabedoria sobre-humana, mas funciona de forma lógica, de acordo com os fatos que lhe são fornecidos.

Essa grande, natural e incansável "mente do piso inferior", como tem sido chamada, também é capaz de realizar um trabalho ainda mais útil. Um escritor, palestrante ou pregador pode reunir notas e ideias para seu artigo, livro, discurso ou sermão e delegá-los à mente subconsciente com ordens de que tudo seja bem organizado, dividido, subdividido e assim por diante. Quando for escrever ou preparar as notas de seu discurso ou sermão, encontrará todo o trabalho pronto, e tudo o que precisa fazer é escrevê-lo, sem nenhum esforço ou cansaço.

Mais uma vez, um homem de negócios que aprendeu a usar a mente subconsciente dessa forma não precisa fazer malabarismos, preocupar-se ou se cansar planejando e se programando para o futuro. Tudo o que precisa fazer é submeter os fatos à "grande mente do piso inferior", e todo o planejamento será feito para ele, sem nenhum esforço e com muito mais eficiência do que se tivesse usado o árduo pensamento consciente.

O que vem a seguir, e que acaba de ser trazido ao meu conhecimento, é uma confirmação impressionante do ensinamento deste capítulo.

A *Collier's Magazine* publicou uma entrevista com Henry Ford. Ele falou sobre como grandes empresários lidam com os problemas e destacou que não perdiam muito tempo elucubrando e quebrando a cabeça com planos ou ideias. Ele disse: "Uma ideia surge, pensamos um pouco, e depois *a colocamos na panela para ferver*. Deixamos que ela ferva por um tempo e depois a tiramos." O que Henry Ford quer dizer, claro, é bem o que estamos dizendo, ou seja, que a ideia ou questão é enviada para a mente subconsciente, que a elabora e apresenta à mente consciente para tomar a decisão.

Mais uma vez, um inventor ou alguém que está construindo algo mecânico, pode fazer uso da mente subconsciente da mesmíssima forma. Deixe-a resumir todo o problema, organizar todos os fatos e dados disponíveis e passá-los todos para a mente subconsciente. Então, se um resultado bem-sucedido estiver dentro das possibilidades, uma resposta ou ideia surgirá. E tudo é feito, percebam, sem nenhum esforço.

Tudo isso pode parecer um tanto extraordinário e inverossímil, sobretudo para alguns leitores, mas não há nada de oculto ou misterioso nisso. Tenho absoluta certeza de que não existe nenhum grande escritor, político ou homem de negócios que não use a mente subconsciente dessa maneira. É provável que o faça de forma inconsciente, mas o procedimento é o mesmo. Alguns empregam a mente em sua plenitude com naturalidade. Esses tornam-se homens de sucesso, que ocupam posições de grande responsabilidade e carregam fardos imensos sem tensões, inquietudes ou receios. A responsabilidade repousa com leveza sobre eles, permanecem serenos e imperturbáveis quando ocupam determinadas posições e são confrontados com tarefas e dificuldades que deixariam um indivíduo comum transtornado. Esses homens desenvolvem suas competências de atenção e concentração (qualquer um que se empenhar pode fazer isso) fazendo-as alcançar um nível muito alto. Eles não medem esforços para chegar à raiz de um problema e obter todos os dados disponíveis que conseguirem, mas, depois disso, é o subconsciente que faz todo o trabalho e chega a uma decisão.

> "Uma inteligência dominante que trabalha sem parar, com grande rapidez, extrema precisão e sem nenhum esforço."

Embora para alguns seja natural usar a mente subconsciente da maneira correta, a maioria das pessoas não consegue fazer isso. Tais pessoas, entretanto, podem dominar essa arte com o treino. Primeiro, é necessário aprender a controlar o pensamento, de modo a conseguir se dedicar a um problema ou descartá-lo da mente por completo *quando quiser*. Quando passamos um problema para o subconsciente resolver, o assunto deve ser afastado por completo da mente consciente. Não devemos nos preocupar com o problema, nem permitir que os pensamentos se demorem nele. Ele deve ser delegado por inteiro ao subconsciente. Em segundo lugar, todos os detalhes e informações possíveis relacionados com o problema devem ser captados pela mente consciente, e a questão como um todo, prós e contras, deve ser visualizada antes de ser passada para o subconsciente. Ver-se-á, então, que é necessário um alto nível de controle do pensamento e da capacidade de atenção e concentração. Tudo isso pode ser desenvolvido por qualquer pessoa que se dedicar com afinco.

Uma boa maneira de começar a usar a mente subconsciente é fixar o problema na mente logo antes de dormir. Não deve, em hipótese alguma, haver qualquer tentativa de resolver o problema ou de se preocupar com ele. Em vez disso, os fatos principais de ambos os lados da questão devem ser reunidos, e a situação deve ser apresentada ao subconsciente da mesma forma que você a colocaria para seu advogado. Feito isso, delegue o assunto inteiro para sua mente subconsciente e, na maioria dos casos, você descobrirá pela manhã que uma solução foi encontrada sem nenhum esforço ou cansaço de sua parte.

Essa, é claro, é apenas uma das muitas maneiras pelas quais a mente subconsciente pode servir, e serve, a seu mestre, ou àquele que deveria sê-lo. Essa grande força invisível da Natureza está sempre trabalhando. Qualquer ideal mantido na mente é entrelaçado na vida por meio do trabalho incansável da mente subconsciente. Basta focar a atenção em realizações elevadas e sublimes e você concentrará todas as forças internas invisíveis da Natureza em sua concretização. Com o tempo, colherá aquilo que semear. Se direcionar sua atenção para o canal correto, apoiando-a com uma ação consciente e enérgica, seu subconsciente o ajudará dia e noite, possibilitando o sucesso e a realização.

> "Uma boa maneira de começar a usar a mente subconsciente é fixar o problema na mente logo antes de dormir."

O uso da mente espiritual ou superconsciente

Já vimos que a mente subconsciente, por mais maravilhosa que seja, é apenas instintiva, carecendo de inspiração e do que chamamos de originalidade.

Toda inspiração vem da Mente Universal, via superconsciente. Todos os poetas e escritores brilhantes obtêm sua inspiração dessa forma. Essa mente superior não é reconhecida pelos psicólogos, mas é uma velha conhecida dos pesquisadores da verdade espiritual.

O que obtemos do subconsciente é o resultado de fatos e conhecimentos fornecidos a ele. O que obtemos do superconsciente é inspiração direta dos planos superiores. Essa mente superior também pode ser chamada de Mente da Iluminação, pois aqueles que conseguem acessá-la se tornam iluminados, sendo capazes de conhecer a Verdade e ver as coisas como de fato são, e não da forma distorcida como parecem aos sentidos.

Essa consciência restrita em que vivemos está limitada por nossos cinco sentidos. O universo que vemos ao nosso redor é em parte real e em parte uma ilusão. O universo verdadeiro é Espiritual e infinito; o que sentimos é uma concepção limitada e parcial de um fragmento dele. Nossa concepção limitada e finita do universo é totalmente enganosa e equivocada, e enquanto confiarmos nos indícios dos sentidos e na mente humana, permaneceremos na escuridão e na incerteza. No entanto, quando conseguimos nos elevar ao reino superconsciente, nossa consciência se expande, transcendendo os sentidos e as limitações do plano físico.

A mente Espiritual é, sem dúvida, acessível somente àqueles que estão em sintonia mais fina com suas vibrações mais delicadas. Nada que valha a pena possuir pode ser obtido sem esforço, e apenas depois de muita autodisciplina é que o estudante consegue elevar sua consciência a esse reino superior e compreender a vida sob a ótica da Mente Universal.

Não há nada de místico ou psíquico no uso dessa mente superior. Aquele que faz uso dela torna-se espiritualizado, apenas isso. Não entra em transe, nem precisa se tornar clarividente. Permanece um indivíduo são, normal, apenas com esta diferença: usa mais a própria mente do que o indivíduo comum.

Quem consegue usar essa mente superior desenvolve aquilo que foi denominado "a qualidade divina da originalidade". Se uma pessoa quiser transcender o patamar vão da mediocridade, deve fazê-lo por meio da inspiração direta dos planos superiores, por meio de sua mente superconsciente. Se alguém quiser levar adiante uma ideia nova que enriqueça a humanidade e agregue ao bem comum, essa ideia deve vir da mente mais elevada.

Quem está bem sintonizado torna-se, por meio da mente superconsciente, receptor de um conhecimento sobre-humano e de uma sabedoria divina. Ele sabe por conhecimento direto que se torna sábio por meio de um influxo de Sabedoria Divina. Ele consegue distinguir entre o real e a farsa, entre o ouro e a impureza. É também capaz de enxergar e reconhecer o caminho certo na vida (algo de todo impossível para a mente dos sentidos) e percorrê-lo, para ser então conduzido ao único sucesso verdadeiro e bem real de que sua existência é capaz.

> "Consegue distinguir entre o real e a farsa."

Destaca-se aqui que toda Sabedoria deve vir de dentro. Embora os livros e a palavra escrita possam ser úteis, é o Espírito dentro do leitor que ilumina a palavra e a torna real e verdadeira para quem busca a Sabedoria. Quem compreende que é iluminado por dentro pelo Espírito Divino, e que apenas isso pode levá-lo ao conhecimento real, está bem adiantado no caminho que leva à realização.

A sabedoria da mente humana sempre leva à decepção. Baseia-se no testemunho dos sentidos, que é equivocado. Portanto, seus achados sempre carecem de sabedoria *real*. Quem confia na inspiração da Sabedoria Divina muitas vezes precisa decidir adotar uma conduta que, na aparência, é contrária aos seus melhores interesses. No entanto, se ele segue a Sabedoria interior, descobre que é sempre guiado pelo bom caminho e, mais tarde, tem motivos para ser profundamente grato por ter seguido a luz.

"O universo verdadeiro é Espiritual e infinito."

Edificação do caráter e superação do hábito

A edificação do caráter é o maior objetivo da existência. Já foi dito que o caráter é a única coisa que podemos levar conosco quando partirmos desta vida. Isso é uma verdade absoluta. À vista disso, o objetivo de toda religião (não religiosidade), treinamento e desenvolvimento mental deve ser a edificação do caráter. Uma religião que não edifica o caráter é inútil. Quem pensa que pode "fraquejar" pela vida afora evita sua disciplina tanto quanto possível, não faz nenhum esforço para aprimorar o caráter. E está se iludindo ao acreditar que determinado credo pode torná-lo perfeito como que por milagre, apenas pelo fato de morrer. Não nos tornamos "perfeitos", *ou seja*, de caráter forte e perfeito, por seguir um credo ou por morrer, mas por aquisição. Deus ajuda quem se ajuda, e aquelas pessoas que não se esforçam por coisas melhores apartam-se de todas as gloriosas e maravilhosas possibilidades de realização.

> "Não nos tornamos 'perfeitos', ou seja, de caráter forte e perfeito, por seguir um credo ou por morrer, mas por aquisição."

No entanto, antes de pensar sobre coisas nobres, como entrar no Caminho da Realização e ser transformado e forjado de acordo com a Imagem Divina, uma pessoa comum pode querer saber como superar os maus hábitos e fraquezas de caráter que a estão prejudicando e, talvez, comprometendo sua saúde. A maioria das pessoas tem consciência de alguns hábitos equivocados que devem superar e de fraquezas de caráter que devem erradicar. Talvez tenham lutado contra seus hábitos ou fraquezas durante anos, orado até não mais poder, feito inúmeras tentativas de virar a página, mas tudo em vão, pois seguem mais entranhadas nas dificuldades do que nunca. Muitas pessoas desistem da luta e se esforçam para levar a vida numa personificação de O Médico e o Monstro, sendo um cristão ou pessoa justa por fora, mas algo completamente diferente por dentro. Mas não encontram satisfação nessa vida dupla, pois sabem que estão vagando rumo a um abismo.

No entanto, existe uma saída que está aberta a todos. O Eterno concedeu ao homem poderes pelo visto ilimitados; poderes que podem ser usados para fortalecer a vida e o caráter ou para destruí-los. Tais poderes são os da mente subconsciente. Essa mente é um reservatório de forças ilimitadas e inesgotáveis e se transforma, se a usarmos da forma correta, em nossa melhor amiga ou, se a usarmos mal, em nosso pior inimigo.

Cada vez que cedemos a uma má ação, mudanças espetaculares ocorrem no sistema nervoso, e a energia é armazenada em determinadas células a fim de tornar mais fácil que se cometa o ato maligno em uma ocasião futura. Também é verdadeiro que, toda vez que uma boa ação é realizada, ocorrem mudanças semelhantes, mas em sentido inverso, facilitando a realização do mesmo ato no futuro. Isso explica o imenso poder do hábito. Nosso corpo, cérebro e sistema nervoso se transformam, para pior ou para melhor, de acordo com o tipo de ação praticada.

Ainda não compreendemos de todo a aventura maravilhosa que é a vida. Somos agraciados com poderes tremendos e, por seu uso ou mau uso, podemos nos autodestruir ou edificar nosso caráter em todos os sentidos possíveis. Que responsabilidade, e que oportunidade gloriosa!

No entanto, para encontrar uma forma de escapar dos maus hábitos e das fraquezas de caráter, devemos ir mais fundo do que as ações em si, pois os atos são efeitos de causas ocultas. A causa de toda ação é o pensamento. Um pensamento, alguém disse, é uma ação em processo de nascimento. É verdade que possuímos desejos e impulsos primitivos, mas esses podem ser transmutados em ações nobres e realizações sublimes se apenas direcionarmos os pensamentos e a atenção para coisas superiores e melhores. As tensões da vida moderna estão lotando os consultórios, mas há quem consiga trabalhar quinze ou até dezoito horas por dia e prosperar, mesmo envolvido em um trabalho cerebral dificílimo. Esses aprenderam a transmutar seus poderes inferiores em superiores. Isso não se alcança por meio de práticas esotéricas ou ocultas, mas obedecendo à Injunção Divina de colocar nossa determinação em coisas elevadas. Em outras palavras, manter nossos pensamentos e atenção fixados em objetivos superiores e melhores.

É impossível superar os maus hábitos lutando contra eles, pois quanto mais lutamos contra eles, mais fortes eles ficam. A injunção de "não resistir ao perverso" aplica-se bem ao hábito. A saída não é lutar contra o perverso ou o hábito errado, não

> "As tensões da vida moderna estão lotando os consultórios."

importa qual seja o seu caráter, mas se concentrar em criar um bom hábito que desbancará o mau, ou voltar a atenção para coisas melhores e mais nobres.

Não importa onde fixemos nossa atenção, ou o que idealizemos, nossa mente subconsciente esforça-se para concretizá-lo e torná-lo real em nossa vida. Ao lutar contra um hábito, direcionamos a atenção subconsciente para ele, e isso é fatal. Se, no entanto, voltarmos toda a nossa atenção para algo muito diferente, e que seja superior e melhor, todas as faculdades do subconsciente se dirigem à produção, na vida e no corpo, do novo objeto de atenção.

> "Manter nossos pensamentos e atenção fixados em objetivos superiores e melhores."

Vemos, portanto, que não temos de vencer o hábito. Se tentássemos, nossa tarefa seria inútil, pois a vontade humana é impotente diante do poder da mente subconsciente. Os poderes subconscientes podem ser comandados pela imaginação, mas não podem ser coagidos pela vontade. A vontade deve ser usada não para combater o hábito, mas para elevar e direcionar a atenção para algo superior e melhor. Dessa forma, um novo hábito é formado. A atenção da mente subconsciente é afastada do mau hábito, e todos os seus poderes são direcionados para a criação de um novo e melhor. O subconsciente não se importa com o hábito. É indiferente, seja bom ou ruim. Ele está tão disposto a produzir um hábito bom quanto um mau. O destino de cada um de nós, portanto, está em nossas próprias mãos. Ao controlar nossos pensamentos e imaginação e ao focar nossa atenção em coisas melhores, podemos concentrar todos os poderes do subconsciente na criação de bons hábitos. Por outro lado, se permitirmos que nossos pensamentos e as imagens mentais demorem-se em coisas indesejáveis e nossa atenção se volte para ideais rasos ou inferiores, podemos sucumbir a hábitos indesejáveis. O poder que cria os hábitos é o mesmo nos dois casos. O vital e essencial é a maneira como esse poder é direcionado.

> "Podemos concentrar todos os poderes do subconsciente na criação de bons hábitos."

É imprescindível salientar que o pensamento correto e o uso adequado da imaginação devem ser acompanhados de uma ação correta equivalente. Muitas pessoas fazem uso da autossugestão, esperando que ela destrua seus maus hábitos e desenvolva outros melhores, mas ela nunca o fará, ou conseguirá fazê-lo, sem ajuda. A autossugestão é inútil se não for seguida de uma ação construtiva. Não pensem que seja algo fácil. Apenas discípulos de nível avançado conseguem controlar seus pensamentos de forma a poder governar suas forças vitais por meios psicológicos. Os de nível menos avançado, quando atacados por pensamentos maus ou inferiores, devem se levantar e *fazer* algo bem diferente, tirando assim suas mentes do assunto proibido e se interessando pelo novo objeto de atenção. Trata-se de direcionar os desejos e as forças vitais para diferentes canais, controlando os pensamentos e a atenção. Aqui se vê o valor da religião verdadeira, pois ela traz novos ideais à vida e direciona a atenção para coisas superiores e melhores. O escritor percebe que deve ocorrer uma mudança no coração do indivíduo para que ele possa desejar essas coisas melhores. Quando, entretanto, essa mudança acontece, a batalha está apenas começando, pois cada um tem de trabalhar por sua própria salvação.

Assim, de início, a maioria das pessoas achará necessário fazer algo a fim de conduzir a atenção e guiar os pensamentos para algo bem diferente do assunto proibido. Mais tarde, no entanto, quando se tornarem mais evoluídas na ciência do pensamento correto, serão capazes de canalizar seus pensamentos para qualquer direção desejada. Isso requer vigilância constante. Cada pensamento deve ser examinado com atenção antes de ser autorizado a atravessar o umbral da mente. Ao reverter todo pensamento negativo, impróprio ou ignóbil em seu oposto, forja-se uma mudança no cérebro e no sistema nervoso. As células usadas anteriormente para o pensamento inadequado e para a produção de ações indevidas saem de uso, ao passo que novas células são colocadas em uso para a produção de ações corretas.

Esse estágio leva a outro ainda mais elevado, quando se transforma um hábito estabelecido para reverter pensamentos maus em bons e para executar ações corretas em vez de atos ruins ou inferiores. O poder da mente subconsciente, que em um momento parecia tão má, produz ações corretas de maneira mais ou menos automática. Como quando, ao estabelecermos o hábito de escovar os dentes, experimentamos uma sensação desconfortável até que eles sejam devidamente limpos. Como uma pessoa desasseada que aprendeu a se lavar de forma meticulosa e se manter decente vai sentir desconforto quando se sujar. A mesma regra se aplica às coisas e aos hábitos mais importantes da vida. Se aqueles que estão na escravidão do hábito direcionarem seus pensamentos e atenção para a formação de bons hábitos, suas velhas fraquezas morrerão de forma natural.

Não se deve pensar que a vitória sobre hábitos de toda vida é fácil. Pode parecer que sim no início, mas, cedo ou tarde, a tentação virá com mais força, o que pode resultar em um triste declínio. Se isso acontecer, o mais importante é não dar muita atenção ao incidente. Em vez disso, o iniciante deve levantar-se, fazer uma nota mental da causa imediata de sua queda, beneficiando-se assim da experiência, e continuar seu caminho rumo à liberdade. É muito útil perceber que não apenas a mente subconsciente está disposta a ser guiada pelo bom caminho, se perseverarmos o suficiente (até que perseverar se torne um hábito), mas que também todos contamos, em nossa retaguarda, com os poderes Espirituais de Deus. O Eterno assegura que o nosso sucesso não seja predominantemente improvável. Nossas dificuldades não são insuperáveis, embora o pareçam. Sempre podemos sair vitoriosos, se não fraquejarmos. Os Céus assistem com interesse afável, regozijando-se com o combatente quando ele triunfa e lamentando quando ele fracassa. A batalha é dura, pois só assim quem busca a Deus pode se tornar forte de caráter, mas a vitória sempre pode ser alcançada. Quando a situação parecer irremediável, o combatente deve lembrar-se de que há uma via de saída em algum lugar, e que Deus, que é sua liberdade e seu libertador, é quem lhe revelará se fraquejou ou não. Se todos os que buscam a libertação perceberem que o Poder do Eterno está ao seu lado, e que eles com certeza se tornarão vitoriosos se continuarem, então deverão ter êxito. E que alegria terão! Não há felicidade como aquela que vem para quem lutou a boa luta e superou o hábito e as fraquezas do caráter.

Que todos possam experimentar essa alegria incomparável da superação.

"Ao reverter todo pensamento negativo, impróprio ou ignóbil em seu oposto, forja-se uma mudança no cérebro e no sistema nervoso."

Felicidade e alegria

No fundo de cada coração há um desejo insaciável de felicidade. A alma evoluída deseja a felicidade tanto quanto a mundana que busca o prazer. A diferença entre elas é simplesmente que a primeira, por meio do conhecimento e da experiência, não procura a felicidade, pois sabe que ela nunca pode ser encontrada pela busca direta, mas a encontra no servir, no amor aos outros e na vitória sobre si mesmo; ao passo que a segunda busca a felicidade como um fogo-fátuo em todas as formas de prazer e não a encontra.

O homem nunca está satisfeito com sua vida; está sempre em busca de algo melhor. Até adquirir sabedoria, ele a busca no prazer, nos vários tipos de gratificação dos sentidos, na riqueza, no luxo e em bens materiais. Quanto menos evoluído é o homem, mais convencido está de que a felicidade pode ser alcançada dessas formas, e mais inferiores são os seus desejos. Por exemplo, aqueles que compõem o chamado submundo de nossas cidades buscam a felicidade no vício e na devassidão. Indivíduos mais evoluídos buscam o prazer em coisas mais refinadas, esperando encontrar a felicidade em passatempos intelectuais, amizades e no amor fraterno puro. Esses tipos mais evoluídos obtêm dos sentidos muito mais prazer do que indivíduos mais elementares. No entanto, também são capazes de um sofrimento maior e mais profundo. Eles conseguem obter enorme satisfação ao visitar uma galeria de arte, ao passo que um selvagem não veria absolutamente nada de interessante ali. Podem também sofrer por coisas que um selvagem não seria capaz de sentir. No entanto, apesar desse refinamento desenvolvido e da capacidade de se deleitar com arte, ciência, literatura, etc., a felicidade ainda está mais longe do que nunca. Todas as tentativas de encontrar a felicidade levam, por fim, ao "vazio". Não há nenhuma satisfação, nem na riqueza e em tudo o que ela pode comprar, ao progredir na vida, nem na fama, nem no poder. Isso tudo fascina no início e promete a felicidade, mas decepciona, e, por fim, é visto como apenas vaidade e tormento do espírito.

Esse anseio pela felicidade é bom, pois nos leva a incontáveis experiências para que a alma possa perceber, por experiência prática, o vazio de todo egoísmo, e assim alcançar a sabedoria. Após ter percorrido toda a gama de experiências, a alma aprende, por fim, que a felicidade não é uma coisa que se pode encontrar buscando por ela, mas sim um estado íntimo da mente.

> "O homem nunca está satisfeito com sua vida; está sempre em busca de algo melhor."

Embora o trabalho, quando bem-feito, traga uma sensação tranquila de contentamento, e o sucesso na carreira possa também ser fonte de gratificação por um curto período de tempo, eles não conseguem satisfazer o profundo anseio da alma.

A felicidade, entretanto, é encontrada no servir. Não se buscarmos a felicidade no servir, e servirmos com o intuito de sermos felizes. Mas se servirmos aos outros por servir, encontramos a única felicidade duradoura e prazenteira.

Basta observar a vida de quem está sempre demandando e usurpando com egoísmo, que é duro em suas relações e "só pensa em si" para ver como é impossível um individualista ser feliz.

> "Deve haver um propósito na vida."

Não importa se ele adquire riquezas ou permanece pobre; é infeliz do mesmo jeito. Por outro lado, basta se esforçar, fazer uma ação gentil e perfeitamente desinteressada, e experimentar o lampejo de pura felicidade que ela traz, para perceber que está lidando com uma lei da vida que é tão certa e imutável quanto a da gravidade.

Deve haver um propósito na vida, e esse deve ter por objetivo o aprimoramento da vida dos outros, sejam eles poucos ou muitos. A lei do servir deve ser obedecida, caso contrário não pode haver felicidade. Isso pode ser um desalento para alguns leitores, pois talvez exerçam um ofício que à primeira vista não faz bem a ninguém. Talvez constatem que seriam capazes de servir de fato, caso fizessem parte de algum empreendimento nobre para o desenvolvimento da humanidade, mas que, em sua ocupação atual, seria impossível. Pensar assim é muito natural, mas a verdade é que todos somos capazes de obedecer à lei do servir e podemos começar agora, em nossa ocupação atual, não importa qual seja. Basta fazermos nosso trabalho diário, não como uma tarefa que deve ser "cumprida" a fim de nos dar sustento, ou porque se espera de nós que trabalhemos, mas como uma oferenda de amor à vida e ao mundo, no intuito de entrar em harmonia com a grande lei do servir. Nossas ideias de valores com relação às atividades profissionais são totalmente equivocadas, do ponto de vista da "sabedoria interior". O ato de esfregar a entrada de uma porta, se realizado com fé, em um espírito verdadeiro do servir, tem tanto valor e importância real quanto escrever um poema imortal ou morrer pela pátria. Nunca podemos dizer de verdade que um ato de servir tem mais valor ou é mais importante do que outro. Tudo que a lei superior olha é a *motivação*. Portanto, se a sua motivação estiver correta, você pode se dedicar à ocupação mais humilde e, na aparência, mais inútil, e ainda assim ser feliz, pois cumpre a lei do servir.

Outro caminho para a felicidade é o domínio da natureza inferior, a superação das fraquezas, a escalada para coisas superiores e melhores. Há uma felicidade intensa em perceber todos os dias que os velhos hábitos estão sendo derrocados, os pontos fracos do caráter estão sendo fortalecidos, e um estado de liberdade cada vez maior está se instaurando. Graças a Deus, não precisamos permanecer como éramos antes, mas podemos progredir e subir indefinidamente, pois não há limite para nossa ascensão.

Mas existe um estado que é muito superior à felicidade, que é a ALEGRIA. A felicidade vem com o servir e o superar, mas a alegria chega apenas a quem percebe sua unidade com a Fonte Divina. A *realidade* é uma alegria inefável. Atrás deste mundo de sombras está o mundo espiritual real, repleto de esplendor e deleite. Quando a alma, após sua imensa jornada através da matéria, tempo e espaço, por fim encontra o caminho de volta à sua Fonte Divina, ela se torna consciente dessa alegria intensa, grandiosa demais para ser descrita em palavras. Ela não apenas percebe que a *realidade* é alegria, e o universo está repleto, não de gemidos ou suspiros, mas do riso doce e silencioso de almas libertas, mas também se enche dessa alegria inefável!

"O que isso tem a ver com a vida prática cotidiana?", pode-se perguntar. Tudo, pois quem possui essa alegria tranquila nunca pode ser derrotado nas batalhas da vida. Ele tem algo dentro de si que nunca pode ser apagado e que o levará de vitória a vitória.

Uso e mau uso de poderes mentais e espirituais

O indivíduo comum nada sabe sobre as forças mentais e, embora possa sofrer os efeitos de pensamentos inconscientes errados, não corre o risco de fazer mau uso deliberado de seus poderes internos. No entanto, aquele que aprendeu a usar essas forças interiores deve ter muito cuidado para aplicá-las da forma correta, caso contrário descobrirá que os poderes invisíveis da mente e do espírito são muito mais poderosos e destrutivos do que a dinamite. Isso não significa que ele pode vir a explodir, e sim que pode prejudicar-se não apenas nesta vida, mas nos períodos que virão e, além disso, retardar sobremaneira sua evolução espiritual.

Todo uso da mente para coagir outras pessoas ou influenciá-las por meio de sugestão que não seja para beneficiá-las, mas para obter vantagem própria, é extremamente destrutivo. Não para elas, na verdade, *mas para si mesmo*. À primeira vista, parece um caminho fácil para o sucesso e a prosperidade, mas, na verdade, leva ao fracasso e à pobreza. O mau uso dos poderes mentais, dessa maneira, é na verdade uma forma de magia negra, e o destino de todos os que a praticam é muito terrível. Mesmo o uso da mente para coagir outras pessoas *para o bem delas* não é desejável. Isso nunca faz um bem real, embora possa parecer benéfico por um tempo, e seu uso, portanto, deve ser suspenso. A chamada cura por heterossugestão não é permanente, pois assim que o curandeiro cessa de "abastecer" de sugestão o paciente, esse começa a retroceder ao seu estado anterior. Resultados muito melhores serão alcançados se o paciente for ensinado a usar a autossugestão por si mesmo. Vê-se, então, que o uso da mente para influenciar os outros é com certeza prejudicial se for feito de forma egoísta, e de nenhuma utilidade real se empregado de forma altruísta. O hipnotismo é prejudicial, não importa a maneira como for usado, e também é nocivo para o paciente. Por causa disso, alguns dos neurologistas mais criteriosos desistiram de usá-lo.

Não temos o direito de tentar influenciar outras pessoas pelo uso de nossas forças interiores, mesmo que o objetivo seja o bem delas. Cada alma tem o direito de viver a vida à sua maneira e escolher para si o bem ou o mal. Esse é o objetivo da vida, para que cada alma em desenvolvimento alcance a sabedoria por meio das lições que aprendeu com seus próprios erros. Muito pior é coagir os outros, não para ajudá-los, mas para defraudá-los, fazê-los comprar bens de que não precisam, ou assinar acordos aos quais não associariam seu nome.

> "Não temos o direito de tentar influenciar outras pessoas pelo uso de nossas forças interiores."

Aquele que faz mau uso de seus poderes mentais e espirituais literalmente dilacera sua vida. Ele trabalha contra as leis da vida e do universo, e acarreta a própria ruína.

Existe, no entanto, um jeito muito mais sutil de fazer mau uso das forças mentais e espirituais do que por coerção, dominação da mente e heterossugestão.

> "Criam uma dívida pesada de sofrimento futuro e atrapalham a jornada evolutiva da alma."

Esse método é destrutivo da mesma forma e, se prolongado, instaura um futuro doloroso. Com esse método, outras pessoas não são influenciadas ou dominadas, mas as forças mais sutis da Natureza são coagidas pela vontade humana. Demandas mentais são feitas à substância invisível da qual, dizem, todas as coisas são constituídas, e a riqueza é compelida a aparecer. Além disso, dizem que a doença é banida e as forças invisíveis da vida são compelidas a operar de forma a transformarem o caminho da vida em um mar de rosas, sem espinhos, e assim a vida é despida de toda sua disciplina e experiência.

Seus devotos "adentram o Silêncio", e ali visualizam exatamente o que pensam querer, e o obrigam a aparecer, em forma materializada, pela força de seu desejo ou pelo exercício de sua vontade.

Talvez alguns seguidores desse culto consigam transformá-lo em aparente sucesso, mas ainda não conheci nenhum. Se o fizerem, entretanto, vão se arrepender pelo resto da vida, pois não passam de praticantes de magia negra. Seus esforços são da mesma natureza que a feitiçaria. Todos esses métodos criam uma dívida pesada de sofrimento futuro e atrapalham a jornada evolutiva da alma.

Adentrar o Silêncio é uma coisa boa. É de fato entrar no silêncio íntimo da alma, o santuário interior onde o Espírito Divino habita em plenitude. O mau uso desse poder interior para fins egoístas, materiais, e para impor nossa vontade humana à vida de modo a torná-la como *nós* pensamos que deveria ser é um crime de primeira magnitude que só pode resultar em fracasso e desgraça total.

> "Todo uso da mente para coagir outras pessoas ou influenciá-las por meio de sugestão que não seja para beneficiá-las, mas para obter vantagem própria, é extremamente destrutivo."

Como superar limitações e despertar poderes internos

As limitações podem ser superadas por meio da compreensão da Verdade. Quando dizemos isso, dá-se como certo que todos os esforços serão feitos no plano físico. É preciso tomar banho, fazer exercícios e respirar ar puro para estar bem. No serviço, também é necessário trabalhar com afinco e dar o melhor de nós em troca do suprimento recebido, se quisermos ter sucesso. Se você contrata um jardineiro, deve pagar-lhe. O dinheiro que lhe paga é parte do que você ganhou com o suor de seu cérebro. Portanto, troca-se o trabalho mental de um pelo trabalho manual do outro, e vocês se ajudam e são úteis um ao outro, tanto dando como recebendo, e cada um servindo à vida de acordo com sua capacidade. Sendo assim, passaremos para o lado metafísico do nosso assunto, que é, a propósito, de longe, o mais importante, mas

> Se nossa limitação é a desarmonia e a infelicidade, então devemos nos sintonizar com a harmonia Divina de tal maneira e a tal ponto que ela seja refletida na vida exterior.

o trabalho exterior, prático, é, mesmo assim, indispensável.

Para superar as limitações, é necessário conhecer a Verdade e viver na consciência d'Ela. Por exemplo, se a falta de saúde é nossa limitação, então, para nos tornarmos livres, é necessário vivermos na consciência da Plenitude de Deus e de Sua Ideia Divina. Se nossa limitação é a escassez de recursos, é necessário vivermos na consciência da natureza inesgotável e ilimitada da Substância a partir da qual o Criador tudo materializa. Se nossa limitação é a desarmonia e a infelicidade, então devemos nos sintonizar com a harmonia Divina de tal maneira e a tal ponto que ela seja refletida na vida exterior. Não importa qual seja a limitação, podemos encontrar liberação e libertação olhando para nossa Fonte Divina, percebendo que na Realidade Perfeita todas as necessidades são supridas, vivendo então na consciência dessa verdade.

Problemas de saúde são, independentemente das causas físicas, um sinal externo de guerra interna ou desarmonia. Eles são causados por pensamentos, emoções, crenças e atitudes erradas da mente e da alma em relação à vida e a Deus. Em outras palavras, a vida é vivida em uma consciência "incorreta" da doença e da enfermidade. Primeiro, a vida interior deve ser ajustada de modo a se harmonizar com as leis de nosso próprio ser e com o propósito Divino da vida. Deve haver uma entrega interior ao princípio do amor. Depois disso, os pensamentos devem ser controlados para que as emoções destruidoras da saúde não mais a prejudiquem. Além disso, a consciência como um todo deve, com a maior frequência possível, ser elevada à percepção da Plenitude perfeita que é a realidade. Se esse rumo for seguido, a consciência de saúde e plenitude se tornará um estado mental permanente e, como resultado, a saúde se manifestará na vida. A vida exterior é sempre um reflexo ou manifestação externa do que somos por dentro, ou nosso estado de consciência. Portanto, tudo depende do tipo de consciência em que vivemos.

Aquele que vive na atmosfera mental de Plenitude Divina, saúde e harmonia, de forma inconsciente direciona todas as forças internas da natureza para os canais da saúde. Por outro lado, aquele que vive em uma atmosfera mental de falta de saúde, como muitas vezes fazem os enfermos e adoentados, de forma inconsciente direciona todas as suas atividades subconscientes de modo a produzir doenças e enfermidades.

Mais uma vez, no que diz respeito à falta de recursos, esse estado também pode ser superado, em espírito, apenas vivendo em uma consciência mais elevada de abundância e suficiência. De maneira inconsciente, isso afeta toda ação de tal forma que provoca uma situação melhor. Por outro lado, quem vive em um clima mental de limitação e carência inconscientemente direciona todas as suas ações para a produção, em sua vida, de penúria e de recursos escassos.

A mesma regra aplica-se, não importando quais sejam as limitações de sua vida. A liberdade só pode ser conquistada quando se percebe a verdade sobre a vida e o existir. Quando percebemos a verdade, vivemos na consciência dela e tornamo-nos obedientes às leis da vida e do existir. A vida se torna cada vez mais livre. Isso não significa que se tivermos feições simples e uma figura atarracada, nos tornaremos belos e graciosos. Mas significa que esses percalços, por assim dizer, não mais nos acorrentarão, e que os outros enxergarão em nós algo muito melhor do que a mera regularidade de feições e a beleza da forma.

Henry Thomas Hamblin

Quando a alma está *viva* e a vida é plena de amor, até o rosto mais singelo torna-se atraente. Tampouco significa que não sofreremos luto e tristeza, dificuldades e adversidades, mas significa que deixaremos de reforçar essas coisas e de criar mais problemas, aplicando a disciplina da vida com a atitude incorreta. Também significa que seremos capazes de superar todas as dificuldades e provações da vida, de vencer a contenda e, assim, edificar o caráter. Dessa forma, as tempestades da vida, em vez de nos destruírem, podem apenas *nos tornar mais fortes*. Portanto, nosso destino não depende das tempestades da vida, mas de como as enfrentaremos. Se cedermos a elas, ou se, pensando que são o mal, e não uma disciplina necessária, nós nos rebelarmos contra elas e resistirmos a elas, acabaremos como náufragos em uma praia deserta. Mas se estivermos armados com o conhecimento da verdade, poderemos ajustar nossas velas de modo a fazer com que as tempestades da vida, na verdade, ajudem-nos a navegar rumo ao porto desejado.

O primeiro passo em direção ao conhecimento da verdade é o pensamento correto. Todo pensamento negativo deve ser transmutado em seu oposto positivo, por exemplo, ódio e antipatia em amor e boa vontade, medo em confiança, pobreza em abundância, mal em bem absoluto, e assim por diante. Descobrir-se-á que isso não é fácil, mas

> O pesado fardo que nos oprimiu por tanto tempo escorrega dos nossos ombros e nos tornamos livres.

é possível, e o poder de controlar os próprios pensamentos aumenta se perseverarmos com obstinação ao longo dos anos. Um iniciante não pode, é claro, esperar ser capaz de exercer o mesmo controle que alguém que busca o autodomínio com perseverança há anos, mas pode ter avanços significativos e aprender no dia a dia.

O resultado de pensar dessa maneira é surpreendente. A inversão de pensamento pode parecer, a princípio, a própria simplicidade e não levar a lugar nenhum em especial, mas depois de algum tempo a vastidão do assunto torna-se quase apavorante. O cultivo e a prática do pensamento correto levam pouco a pouco ao conhecimento da Verdade. Não um conhecimento intelectual da verdade, mas uma compreensão da Verdade pela alma. Esse é o conhecimento da Verdade que liberta os homens. Podemos então analisar todos os períodos e constatar que tudo está bem. O pesado fardo que nos oprimiu por tanto tempo escorrega dos nossos ombros e nos tornamos livres.

Como despertar poderes interiores

O homem é herdeiro de poderes maravilhosos e ilimitados. Mas até que tenha consciência deles e com eles se identifique de maneira consciente, esses poderes jazem adormecidos, não se manifestam. E podem de fato nem existir, quanto ao uso pelo homem em estado adormecido. No entanto, quando o homem despertar para a grande verdade de que é um ser espiritual; quando aprender que seu pequeno e mesquinho eu e sua personalidade finita não são o seu eu real, mas apenas uma máscara para o homem real; quando perceber que o Ego Espiritual, uma verdadeira Centelha Divina, ou ramo ou galho do Logos Eterno[7], é *seu*

---
[7] "Eu sou a Videira, vós os ramos." – João 15:5. *Bíblia Sagrada*. (N.A.)

Ser real; quando entender que ele não é seu corpo, não é sua mente, não é nem mesmo sua alma, e que seu corpo, mente e alma são apenas veículos através dos quais ele busca se expressar; quando compreender que ele é espírito, imortal, sem doença, eterno, formando uma parte integrante do Espírito Único e sendo idêntico a Ele, então alcançará uma nova vida de poder quase ilimitado.

É imprudente envolver-se em qualquer prática mística na tentativa de "forçar" o crescimento e o desenvolvimento. Transes místicos são perigosíssimos e também desnecessários. Experiências místicas e o despertar de centros místicos também são perigosos e nos afastam de nosso objetivo. Exercícios respiratórios cujo o objetivo é despertar poderes internos são perigosíssimos e, portanto, condenados. Cultivar uma passividade negativa, como inibir todo pensamento e se tornar totalmente passivo e aberto a qualquer influência, também é perigosíssimo e deve ser evitado a todo custo.

No lugar de todas essas práticas imprudentes, deve-se reservar um curto período de tempo toda noite e também pela manhã, se possível, para entrar em contato com a Realidade. Você deve então se esforçar para perceber que o corpo, a mente e a alma são apenas veículos de expressão, meros servos do verdadeiro Eu ou Ego. Isso trará, com o tempo, uma consciência de identidade com o Espírito Eterno Único, que Jesus chamou de "nosso Pai Celestial".

Pode-se proceder desta forma:

"Eu não sou o meu corpo, ele é apenas algo que me permite viver esta vida material e ganhar experiência."

"Eu não sou a minha mente, ela é apenas um instrumento que uso e que obedece à minha vontade."

"Eu não sou a minha alma, ela é apenas uma vestimenta do meu espírito."

"Eu não sou a minha vontade, ela é algo de que eu, o verdadeiro Eu, faço uso."

E assim por diante. Dessa forma, você se aproxima pouco a pouco da grande verdade que não pode ser expressa em palavras e que só pode se tornar sua por meio da percepção ou compreensão espiritual interior.

Além disso, pode-se usar uma declaração positiva da Verdade, com reverência, mas com total confiança, como: "Eu sou um ramo da Videira Verdadeira."

Com o passar do tempo, você se tornará possuidor de uma sensação de segurança e poder extraordinários e ilimitados. Essa é uma grande responsabilidade, pois esse poder deve ser usado apenas para servir, e não para fins egoístas. Se for usado para adquirir riquezas e obter poder temporal, um grande desastre será o resultado inevitável. No entanto, se bem usado, está destinado a ter uma grande, embora inconsciente, influência para o bem na vida, e por isso você não é responsável. Esforce-se cada vez mais para servir e abençoar os outros. Então, porque você não as busca, milhares de bênçãos entrarão por si próprias em sua vida, sendo a grande felicidade uma das principais. Tendo encontrado o reino dos céus, você viverá a experiência de ter concedidos todos os bens necessários.

Esse poder também pode ser usado para edificar o caráter, para superar os conflitos da alma e para fortalecer o corpo espiritual que será nosso veículo de expressão nos reinos mais elevados.